el
DIVINO SISTEMA
de
CONSEJOS

EDICIÓN REVISADA

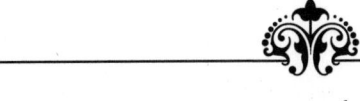

el

DIVINO SISTEMA

de

CONSEJOS

APRENDAMOS A MINISTRAR JUNTOS
EN LA IGLESIA Y EN EL HOGAR

M. Russell Ballard

Originalmente publicado bajo el título de *Counseling with Our Councils,* © 2012 M. Russell Ballard

Inglés © 2012 M. Russell Ballard
Español © 2013 Deseret Book Company

Todos los derechos reservados. No se puede reproducir de manera ni medio algunos ninguna parte de este libro sin el consentimiento por escrito de la firma editorial Deseret Book Co., P. O. Box 30178, Salt Lake City, Utah 84130, EE. UU. Este libro no es una publicación oficial de La Iglesia de Jesucristo de los Santos de los Últimos Días. El autor se hace responsable de los puntos de vista aquí expresados, los cuales no representan, necesariamente, la posición de la Iglesia ni la de la Compañía Deseret Book.

DESERET BOOK constituye una marca registrada de Deseret Book Company.

Visítenos en DeseretBook.com

Library of Congress Cataloging-in-Publication Data

Ballard, M. Russell, 1928– author.
  [Counseling with our councils. Spanish]
  El divino sistema de consejos : aprendamos a ministrar juntos en la Iglesia y en el hogar / M. Russell Ballard. — Edición revisada.
      pages cm
  Includes bibliographical references.
  Summary: Offers guidance and motivation for more effectively using councils in leadership positions as well as family situations.
  ISBN 978-1-60907-604-7 (paperbound)
  1. The Church of Jesus Christ of Latter-day Saints—Government. 2. Church group work—The Church of Jesus Christ of Latter-day Saints. 3. Women in the Mormon Church. 4. Church growth—The Church of Jesus Christ of Latter-day Saints. I. Title.
  BX8657.B3518 2013
  262'.09332—dc23   2013009073

Printed in the United States of America
Edwards Brothers Malloy, Ann Arbor, MI

10   9   8   7   6   5   4   3   2   1

CONTENIDO

	Prefacio	vii
	Reconocimientos	xv
	Introducción: El sinergismo espiritual	1
1	El concilio de los cielos	25
2	Los consejos generales de la Iglesia	44
3	Los consejos presidentes locales	66
4	Los consejos de estaca y de distrito	88
5	Los consejos de barrio y de rama	110
6	Las presidencias y otros consejos menores	134
7	Los consejos disciplinarios	151
8	Los consejos familiares	165
9	"Razonemos juntos"	182
	Textos citados	193
	Índice	197

PREFACIO

En 1997 se publicó la primera edición de este libro, *El divino sistema de consejos*. Fue en ese año que el número total de miembros de La Iglesia de Jesucristo de los Santos de los Últimos Días sobrepasó los 10 millones. Esos más de 10 millones de Santos de los Últimos Días vivían en más de 2.700 estacas y misiones y casi 25.000 barrios y ramas (incluyendo ramas de misiones). Por lo tanto, según mi modo de pensar, estábamos ofreciendo importante información a decenas de miles de líderes del sacerdocio y de las organizaciones auxiliares que en ese momento servían a lo largo y ancho de la Iglesia, y eso sin mencionar a los millones de padres que presidían el consejo más importante en todo el mundo: el consejo familiar.

Las personas más allegadas a mí sabían que el tema había estado en mi mente por muchos años. El uso eficaz de consejos en el gobierno del Evangelio siempre fue uno de mis temas predilectos cuando era asignado a conferencias de estaca y regionales. Me preocupaba tanto la necesidad y tenía tanto interés en el valor de ministrar entre los hijos de Dios por medio de los consejos de la Iglesia que me referí al asunto en dos conferencias generales consecutivas: octubre de 1993 ("Fortalezcamos los consejos") y abril de 1994 ("Los consejos de la Iglesia").

PREFACIO

Durante los años transcurridos desde que se publicó *El divino sistema de consejos,* he continuado hablando sobre el tema en sesiones de capacitación de estaca, región y área. En forma reciente, en la reunión mundial de capacitación de líderes de noviembre de 2010, recalqué cuán importante es que los presidentes de estaca y los obispos ministren por medio de sus inspirados consejos para satisfacer las necesidades espirituales y temporales de quienes viven dentro de sus respectivas congregaciones.

Todo esto me ha impulsado a considerar lo que ha sucedido durante los años transcurridos desde que se publicó la primera edición de este libro. Al escribir en la actualidad, hay más de 14 millones de miembros que adoran y sirven en casi 30.000 congregaciones. A modo de comparación, unos pocos de quienes hoy sirven como presidentes de estaca, distrito o rama, obispos o líderes en las organizaciones auxiliares, servían en tales funciones cuando se publicó el libro. Ahora hay decenas de miles de nuevos líderes del sacerdocio y de las organizaciones en cada estaca, distrito, barrio y rama de la Iglesia. De hecho, muchos de quienes sirven actualmente en cargos de liderazgo ni siquiera eran miembros de la Iglesia en 1997. Tal es el caso, también, de cientos de miles de padres que son nuevos miembros de la Iglesia o nuevos en la experiencia de ser padres o madres durante los últimos quince años. Al mismo tiempo, se ha hecho un renovado hincapié en cuanto a consejos en el nuevo *Manual de Instrucciones,* el cual se publicó a fines de 2010. Por tales razones, considero que ha llegado el momento de hacer un análisis nuevo y actualizado de lo que significa funcionar dentro del divino sistema de consejos.

Tal es particularmente el caso cuando se considera el tema dentro del contexto de los tiempos en los que vivimos. De igual modo que en 1997, el mundo está lleno de elementos que van en directa oposición a las enseñanzas del Señor Jesucristo. De hecho, esto es

PREFACIO

probablemente más cierto hoy de lo que lo fue en 1997. A todo nuestro alrededor existen evidencias de las grandes presiones que impone Satanás. La familia está siendo asediada y nuestros jóvenes se ven bombardeados por influencias maléficas. A lo largo de las últimas décadas hemos sido bendecidos con magníficos adelantos tecnológicos de todos tipos, pero durante ese mismo período hemos visto dramáticos incrementos en inmoralidad, abortos, divorcios, maltrato de menores, abuso de drogas, crímenes violentos y muchos otros males sociales.

De particular preocupación es el efecto que dichas tendencias han tenido en la familia. Por ejemplo, un comentarista social ha escrito que "el índice actual de niños nacidos ilegítimamente alcanza niveles no sólo sin precedentes en los últimos dos siglos, sino que tampoco los tiene, hasta donde sepamos, en la historia de los Estados Unidos hasta la época de la colonización, ni en la historia inglesa desde los tiempos de los Tudor" (Hiummelfarb, *De-Moralization of Society*, pág. 23). Asimismo, un renombrado historiador familiar de la Universidad de Princeton, Lawrence Stone, declaró: "Que yo sepa, el grado de desintegración matrimonial en el hemisferio occidental desde 1960 carece de precedentes históricos, y parece único. . . No ha habido nada que se le asemeje en los últimos 2.000 años, o tal vez más (citado en Popenoe, "World without Fathers", pág. 13).

Actualmente la familia misma está siendo atacada. La televisión y el cine nos muestran imágenes de un mundo en el que los padres son anticuados, están mal informados o son completamente inconsecuentes. Si uno cree lo que ve en esos medios, concluirá que los amigos y los amantes han ocupado el lugar de los hermanos y los cónyuges en lo que tiene que ver con las relaciones humanas más significativas. Los intentos políticos por redefinir la familia han despertado un debate mundial sobre la relevancia de ese núcleo

PREFACIO

como institución social. Tal vez por primera vez en la historia, existe un significativo —y a veces persuasivo— segmento de la cultura contemporánea que se pregunta si vale la pena proteger a la familia compuesta por un matrimonio tradicional entre un hombre y una mujer y sus hijos.

Las circunstancias son muy diferentes hoy en comparación con la época en que yo era un adolescente, un joven obispo y hasta cuando fui obispo por segunda vez. Como ha dicho el presidente Thomas S. Monson: "Debemos permanecer vigilantes en un mundo que se ha apartado tanto de todo lo que es espiritual. . . Los vientos del cambio se desatan cual remolinos a nuestro alrededor y la fibra moral de la sociedad continúa desintegrándose ante nuestros propios ojos" ("Stand in Holy Places", págs. 83, 86).

Dadas estas condiciones, continuamente en aumento y poderosamente perturbadoras, he seguido considerando la pregunta: ¿Cómo puede la Iglesia preparar mejor a sus miembros para hacer frente a los desafíos y a las fluctuantes circunstancias de la actualidad?

Ya ha quedado atrás el día en que un líder, hombre o mujer, o cualquier padre o madre, estaba en condiciones de brindar todo cuanto se necesitaba tan desesperadamente en nuestros hogares y entre los miembros de la Iglesia. Si es que vamos a lograr llevar a los hijos de nuestro Padre Celestial de regreso a Él, debemos aconsejarnos y ayudarnos los unos a los otros.

Es por tal razón que a menudo sigo pensando en el inspirado sistema de consejos con el que contamos en la Iglesia. Me resulta más claro que nunca que el Señor nos ha proporcionado un elemento tan extraordinario a fin de ministrar más eficazmente entre nuestra gente y solucionar los problemas a los que se enfrentan personas, familias y comunidades.

Como siempre ha sido el caso, cada uno de nosotros conlleva

PREFACIO

la responsabilidad primordial de satisfacer nuestras propias necesidades espirituales y temporales, y muchos de nosotros podemos acudir a familiares y parientes en busca de ayuda, consejo y motivación. Sin embargo, el Señor también ha establecido, tanto en la Iglesia como en el hogar, un sistema de consejos diseñado para fortalecer y edificar a todo Santo de los Últimos Días. Dichos consejos van desde el Consejo de la Primera Presidencia y el Quórum de los Doce Apóstoles hasta el consejo familiar, y cada uno de ellos juega un papel importante en el objetivo de bendecir vidas y salvar almas. Dentro de la Iglesia, gran parte de esta obra sagrada se logra a nivel de estaca o de barrio. (A lo largo de este libro, los términos *estaca* y *barrio* también se aplican a *distrito* y *rama*).

Un buen número de nuestros obispos y presidentes de estaca están sobrecargados con los problemas personales de los miembros de la Iglesia por quienes son responsables. Se debe echar mano a todos los recursos disponibles para ganar la batalla por las almas de los hijos de nuestro Padre Celestial. Por mucho tiempo he creído que la mejor manera de contribuir a aligerar la carga de nuestros presidentes de estaca y obispos es invitar a los miembros de consejos de estaca y de barrio a colaborar en hallar las respuestas y poner en práctica las soluciones que proporciona el evangelio de Jesucristo.

Cuando resulte apropiado, sería bueno incluir a líderes de las organizaciones auxiliares en conversaciones destinadas a encontrar soluciones para nuestros muchos desafíos. Las hermanas líderes son miembros de consejos de estaca y de barrio, así como de sus comités de bienestar. Los líderes del sacerdocio no pueden darse el lujo de pasar por alto la experiencia, la sabiduría, la sensibilidad y la objetividad que las mujeres aportan a tales deliberaciones. Las mujeres que no contribuyen todo cuanto pueden en dichos consejos se limitan a sí mismas. Uno de mis objetivos principales cuando

PREFACIO

escribí la primera edición de este libro fue instar a los líderes del sacerdocio a invitar a las hermanas a participar más plenamente en la tarea de hallar respuestas a los complejos problemas que enfrentan los miembros de la Iglesia. Me complace informar que muchos de quienes leyeron el libro se sintieron inspirados por ese pedido y como resultado de ello muchas vidas se han visto bendecidas gracias a la creciente participación de las hermanas líderes en los esfuerzos por atender necesidades individuales y colectivas en barrios y estacas.

Pero podemos hacer más. Nuestros líderes han hecho declaraciones muy específicas para ayudarnos a entender mejor la contribución vital que puede hacer la mujer al reino del Evangelio. Consideremos este pedido del presidente Howard W. Hunter: "Me da la impresión de que tenemos una gran necesidad de instar a las mujeres de la Iglesia a unirse a los líderes varones para combatir la oleada de maldad que nos azota y para hacer avanzar la obra de nuestro Salvador... Quienes le somos obedientes constituimos una mayoría, pero sólo si nos unimos podremos llevar a cabo la obra que Él nos ha dado para hacer y estaremos preparados para el día en que lo veamos nuevamente" ("To the Women of the Church", pág. 96).

El presidente Gordon B. Hinckley ha dicho: "Hay fortaleza y enorme capacidad en las mujeres de esta Iglesia. Hay liderazgo y dirección, un cierto espíritu de independencia y, al mismo tiempo, una gran satisfacción en ser parte de éste, el reino del Señor, y en trabajar hombro a hombro con el sacerdocio para hacerlo avanzar" (Women of the Church", pág. 68).

El presidente Thomas S. Monson ha enseñado: "Cuando cooperamos los unos con los otros . . . podemos lograr cualquier cosa y, al hacerlo, eliminamos la debilidad de una persona que se esfuerza sola y la sustituimos por la fuerza de muchos que sirven juntos" ("Our Brother's Keepers", pág. 38).

Es mi sincero deseo que esta nueva y actualizada edición de *El divino sistema de consejos* ayude a todos aquellos que han sido llamados a servir en el reino del Evangelio a lograr una visión más amplia del poder que existe en los consejos que se han instituido en La Iglesia de Jesucristo de los Santos de los Últimos Días.

RECONOCIMIENTOS

Estoy endeudado con unas cuantas personas que han contribuido al desarrollo de esta obra. Mi secretaria, Carolyn Hyde, ha sido de enorme ayuda en la investigación así como en la preparación y revisión del manuscrito. Varios amigos y colegas han leído borradores y ofrecido valiosas recomendaciones para mejorar el contenido. El asesoramiento de Joseph Walker y Andrew Allison ha contribuido al progreso del trabajo. Ron Millett y Sheri Dew, de Deseret Book, impulsaron este proyecto desde sus primeras etapas, mientras que otros miembros del equipo de Deseret Book, entre ellos Kent Ware, Suzanne Brady, Richard Erickson, Tonya Facemyer, y Rachael Ward ayudaron a convertir el manuscrito en una publicación. Como siempre, expreso mi amor y agradecimiento a mi esposa, Barbara, por su paciencia y constante apoyo. A pesar de las excelentes contribuciones y sugerencias de éstas y muchas otras personas, yo solo acepto responsabilidad por lo que está escrito en este libro.

INTRODUCCIÓN

EL SINERGISMO ESPIRITUAL

Hace algunos años se me asignó asistir a una conferencia de estaca en Europa. Cuando llegué al centro de estaca, encontré a la presidenta de la Sociedad de Socorro entregada a la tarea de preparar un refrigerio para la presidencia de la estaca y para mí. Aproveché la oportunidad para conversar con ella en privado y para agradecerle su fiel servicio. Le pregunté cómo se sentía en cuanto a su llamamiento en la Iglesia.

"Élder Ballard", me dijo con algo de exasperación en la voz, "¿cree usted que los hermanos que ocupan cargos de liderazgo llegarán algún día a entender que las hermanas desean contribuir a la solución de los problemas más apremiantes a que se enfrentan los miembros de la Iglesia?".

Como se imaginarán, me sorprendió su respuesta y la evidente frustración que la ocasionaba, así que le pedí que me diera más detalles.

"Hay veces que me siento como si fuera una empleada doméstica del consejo", dijo. "Estoy allí para servir pero no para contribuir. Cuando todos hablan de encontrar maneras de lograr la misión de la Iglesia, nunca piden mi opinión, y cuando se refieren a las decisiones que toman los líderes de la estaca, nunca me reconocen como una líder que está facultada para contribuir al crecimiento y desarrollo espiritual de los miembros. Algunas veces hasta hablan de cómo satisfacer las necesidades de las hermanas de la estaca y ni siquiera me invitan a participar en el intercambio. Se me dan asignaciones y yo hago lo que se me pide, pero nunca siento que existe interés en mi *consejo*. A menudo me pregunto si ésa es la manera como se supone que deben funcionar las cosas".

Lo primero que me cruzó la mente fue: "¿Cómo puede ser? Esta hermana es miembro del consejo de estaca y la líder de la Sociedad de Socorro de la estaca. ¿Cómo es posible que se sienta tan desconectada?". Le aseguré que el programa del Señor no daba cabida a la idea de hacer a un lado las magníficas cualidades espirituales de quienes han sido llamadas por inspiración para presidir organizaciones tales como la Sociedad de Socorro, las Mujeres Jóvenes y la Primaria. Ciertamente Dios ha inspirado la creación de un sistema de consejos que tiene como finalidad aprovechar la capacidad y la experiencia de las personas llamadas a servir en importantes cargos de liderazgo en barrios y estacas. Pero mi conversación con esa buena hermana me dio que pensar: ¿Cuántas de nuestras presidentas de Sociedad de Socorro, de Mujeres Jóvenes y de Primaria se sentirán de ese mismo modo? ¿Cuántos de nuestros presidentes de quórum de élderes, líderes de grupo de sumos sacerdotes, miembros de sumos consejos y otros líderes de organizaciones se sentirán sin representación alrededor de la mesa de un consejo o dentro de la comunidad del barrio o de la estaca en donde sirven? ¿Cuán bien comprendemos el sistema de consejos? ¿Llegamos a valorar el poder, la vitalidad y la energía que puede aportar a nuestros respectivos ministerios entre los hijos de Dios en estos últimos días?

Ésta y otras experiencias similares me instaron a referirme al tema en conferencias generales. En dos conferencias consecutivas estuve ante el púlpito del Tabernáculo de la Manzana del Templo

INTRODUCCIÓN: EL SINERGISMO ESPIRITUAL

en Salt Lake City y hablé sobre la importancia del sistema de consejos en La Iglesia de Jesucristo de los Santos de los Últimos Días e intenté enseñar sobre el gran poder espiritual e inspirada guía que emana de consejos familiares, de barrio y de estaca debidamente efectuados. Prometí a los padres que sus familias serían abundantemente bendecidas si procuraban el consejo de cada uno de sus miembros. También prometí a los líderes de barrios y estacas que su servicio llegaría a ser más productivo si aprendían a sacar provecho de la opinión, la experiencia, la fe y el testimonio colectivos de quienes forman parte de los consejos de la Iglesia.

Tras mi primer discurso de conferencia en cuanto a ese tema, estaba ansioso por averiguar si se había entendido mi mensaje, particularmente por parte de nuestros magníficos obispos. Tal vez tenga que ver con mi formación en el mundo de los negocios, pero siempre estoy muy interesado en los resultados. Así que en sesiones de capacitación que llevé a cabo en varios lugares alrededor del mundo, centré gran parte de mi atención en el consejo de barrio. Como parte de la capacitación escogía a algunas personas entre los presentes y formaba un consejo de barrio simulado. Le pedía a un obispo que dirigiera y le daba una situación hipotética relacionada con una familia menos activa. Entonces le pedía al obispo que creara un plan para reactivarla, valiéndose del consejo de barrio.

Sin excepción, el "obispo" tomaba las riendas de la conversación y decía: "Éste es el problema y esto lo que considero que debemos hacer para resolverlo", y después hacía asignaciones a los bien dispuestos miembros del consejo de barrio. Claro que era un buen ejercicio en delegación, pero ni siquiera comenzaba a emplear la experiencia y la sabiduría de los miembros del consejo al tratar de resolver el problema. Finalmente le sugería al obispo que volviera a intentarlo, pidiéndole que esta vez procurara algunas ideas y recomendaciones de los miembros de su consejo antes de tomar ninguna decisión. Especialmente lo instaba a pedir a las hermanas que aportaran ideas. Traté de enseñar el concepto de que a pesar de que el hombre y la mujer tienen diferentes responsabilidades, ambos aportan al servicio en la Iglesia valiosos antecedentes, experiencia y puntos de vista. No es ningún secreto que el hombre y la mujer tienden a ver las cosas desde sus propias perspectivas —todas ellas igualmente válidas, útiles y necesarias en la labor de nuestros consejos. No fue una coincidencia que cuando el obispo abría la reunión e invitaba a todos los miembros del consejo a realizar aportes durante la sesión de capacitación, era como abrir las compuertas de los cielos, y un torrente de ideas e inspiración empezaba a fluir entre los miembros del consejo al planear el hermanamiento de una familia inactiva.

Al ver esta misma escena desenvolverse vez tras vez, llegó a resultarme por demás obvio que existe una gran necesidad en la Iglesia de que los líderes, particularmente presidentes de estaca, obispos y padres, entiendan y cosechen el poder espiritual del sistema de consejos. No hay problema en el hogar, en el barrio o en la estaca que no se pueda resolver si buscamos soluciones a la manera del Señor, o sea, deliberando juntamente.

A esta altura, tal vez resulte útil tomar un momento para considerar una definición de la palabra *consejo*, a fin de asegurarnos de que estamos enfocando el asunto desde una misma perspectiva. Después de todo, si buscamos la palabra en el diccionario, encontraremos muchas definiciones, pero tomando como punto de partida nuestro análisis, quisiera ofrecer la siguiente definición de los consejos de la Iglesia extraída de un artículo publicado en la obra *Encyclopedia of Mormonism* (Enciclopedia del mormonismo):

"El concepto de consejos en La Iglesia de Jesucristo de los Santos de los Últimos Días abarca una filosofía de proceder administrativo así como la descripción de una unidad u organización.

INTRODUCCIÓN: EL SINERGISMO ESPIRITUAL

Existen consejos formalmente constituidos, tales como el Quórum de los Doce Apóstoles... sumos consejos de estaca y consejos integrados por oficiales de quórumes del sacerdocio y de las organizaciones auxiliares que trabajan mancomunadamente como consejos de barrio o de estaca. A estos consejos algunas veces se agregan representantes específicos para actividades deportivas, de adultos solteros, etc. Los consejos de la Iglesia coordinan y programan actividades, recogen información, planean futuros programas o eventos, y toman decisiones y resuelven problemas para sus unidades...

"La filosofía de un consejo es lo que el sociólogo Thomas O'Dea llamó 'una democracia de participación' en la cultura mormona (*The Mormons,* [Chicago, 1964], pág. 165). En las reuniones periódicas de consejo se consideran las necesidades individuales así como las de las organizaciones. Al reconocer las circunstancias singulares que rodean una unidad, región geográfica o grupo de personas en particular, el consejo determina los programas y las actividades que es necesario planear y correlacionar (el consejo no tiene el poder de adoptar decisiones finales; esto descansa en el líder de la unidad, tal como el presidente de estaca o el obispo).

"Los consejos son más que mecanismos coordinadores de operaciones; también sirven como medios para la enseñanza y el desarrollo de la familia, el barrio, la estaca, la región, el área o la Iglesia en general. Al participar los miembros en dichos consejos, aprenden en cuanto a asuntos organizativos de mayor magnitud. Se ven expuestos al liderazgo en acción y aprenden a planear, analizar problemas, tomar decisiones y coordinar medidas entre diferentes unidades. El participar en los consejos prepara a los miembros para futuras responsabilidades de liderazgo" ("Priesthood Councils", en Ludlow, *Encyclopedia of Mormonism* 3:1141–1142).

A fines de 2010 la Iglesia publicó una versión actualizada del Manual de Instrucciones, el cual ofrece a los líderes eclesiásticos en todas partes del mundo toda la información necesaria para dirigir los asuntos de las varias unidades de la Iglesia, tales como quórumes y organizaciones auxiliares. Con respecto a los consejos, el manual dice: "La Iglesia del Señor se gobierna por medio de consejos a nivel general, de área, de estaca y de barrio. Estos consejos son fundamentales para el orden de la Iglesia.

"Bajo las llaves del liderazgo del sacerdocio a cada nivel, los líderes deliberan en consejo para el beneficio de las personas y de las familias. Los miembros de los consejos también planean la obra de la Iglesia que se relaciona con sus asignaciones. En los consejos eficaces se solicita la plena expresión de los miembros de dichos consejos, y unifican sus esfuerzos al responder a las necesidades de las personas, de las familias y de las organizaciones" (*Manual* 2:4.1).

"Se anima a los miembros del consejo a hablar con franqueza, tanto de su experiencia personal como de sus cargos como líderes de organización. Tanto los hombres como las mujeres deben sentir que se valoran sus comentarios como participantes con pleno derecho. El obispo pide la opinión de las líderes de la Sociedad de Socorro, las Mujeres Jóvenes y la Primaria en todos los asuntos que considere el consejo de barrio. El punto de vista de las mujeres es a veces diferente del de los hombres, y añade una perspectiva esencial para entender y satisfacer las necesidades de los miembros" (*Manual 2*:4.6.1).

No podemos esperar edificar la Iglesia y traer corazones y almas a Cristo sin emplear todas las fuentes de ayuda que el Señor nos ha dado a fin de sacar provecho de nuestras oportunidades y encarar los obstáculos que se presentan en nuestro camino. Por ejemplo, los líderes de la Iglesia en todas partes del mundo estamos muy preocupados ante la carencia de madurez espiritual de un gran número de miembros. Nos preocupa la inactividad de tantos miembros nuevos de la Iglesia. Considero que la respuesta a tales preocupaciones está

INTRODUCCIÓN: EL SINERGISMO ESPIRITUAL

en llegar a entender y utilizar debidamente nuestros consejos, en especial el consejo de barrio. ¿Resulta demasiado difícil creer que los obispos y los presidentes de rama pueden aprovechar las diversas fuentes de ayuda de que disponen para poner fin a esta pérdida innecesaria de tantos de los hijos de nuestro Padre Celestial?

Si el líder misional del barrio entendiera que las organizaciones auxiliares son un recurso para ayudar en el esfuerzo misional, podría sugerir a la presidencia de la Sociedad de Socorro que visitara el hogar de una familia de investigadores e invitara a la madre a asistir a una actividad o reunión de la Sociedad de Socorro. No es necesario llevar a cabo reuniones adicionales —sólo se requiere un líder misional que esté alerta y procure conseguir la ayuda del consejo de barrio para trabajar con los misioneros con el fin de acercar una familia a la Iglesia. De modo similar, los líderes de los Hombres Jóvenes, las Mujeres Jóvenes y la Primaria, podrían hermanar a los miembros de la familia que estén dentro de sus respectivas áreas de responsabilidad. ¿Se dan cuenta de cuán fácil y apropiado resultaría lanzar un proceso de hermanamiento que contribuyera a la conversión y retención de cualquier hombre, mujer, adolescente o niño que investigara la Iglesia? Si en las reuniones de consejo cada uno de sus miembros mostrara interés en apoyar a los misioneros, pienso que se hermanaría más plenamente a muchos más de nuestros conversos.

Nuestra labor como líderes en la Iglesia es encontrar, enseñar, bautizar, retener e ir al rescate de otras personas. La contribución de las hermanas marcará una notable diferencia en el crecimiento real de la Iglesia, crecimiento que se sostiene a sí mismo y continúa dando frutos (véase Spencer W. Kimball, "The Role of Righteous Women", págs. 103–104). La participación de las mujeres así como la de los hombres en las reuniones de consejo es de vital importancia en el esfuerzo misional.

El hombre y la mujer tienen, en forma innata, virtudes y dones diferentes. Las contribuciones y las opiniones de todos son esenciales para forjar la fe y el testimonio de Santos de los Últimos Días, de miembros menos activos, y de aquellas personas que estén investigando la Iglesia. "... el cuerpo tiene necesidad de cada miembro, para que todos se edifiquen juntamente, para que el sistema se conserve perfecto" (D. y C. 84:110).

El mismo concepto se aplica a casi cualquier otro desafío al que se enfrente una rama, un barrio, una estaca o una familia. Por ejemplo, nos preocupamos por los miembros menos activos de la Iglesia; pasamos horas enteras en varias reuniones hablando sobre ellos y planeando cómo llegar a ser una bendición en sus vidas. ¿Logran comprender el caudal de poder que surge del sacerdocio y de las organizaciones auxiliares cuando trabajan en forma conjunta para llegar sistemáticamente a familias y a personas en forma individual? Considero que la solución a los problemas de falta de actividad a que hacen frente nuestros barrios y nuestras estacas se puede hallar en los consejos del sacerdocio y de las organizaciones auxiliares. También creo que Satanás no quiere que averigüemos cómo emplear eficazmente el sistema de consejos.

A las Autoridades Generales les ha inquietado por años la pesada carga que llevan sobre sus hombros nuestros obispos y presidentes de rama. A mí me parece que la mejor forma de aligerar esas cargas es mediante las deliberaciones en consejo.

Durante la mayor parte de mi vida antes de ser llamado como Autoridad General de La Iglesia de Jesucristo de los Santos de los Últimos Días, seguí los pasos de mi padre como concesionario de automóviles. A lo largo de los años aprendí a apreciar el sonido y el funcionamiento de un motor bien afinado. A mí me suena casi como un instrumento musical, desde el suave ronroneo de una marcha leve hasta el vibrante rugido de un motor plenamente acelerado, y el poder que representa ese sonido es aún más fascinante. No hay nada como sentarse detrás del volante de un buen automóvil con todos sus pistones funcionando como deben y todas las demás piezas rindiendo al máximo.

Por otro lado, no hay nada más exasperante que un vehículo que no funciona debidamente. No importa cuán impecablemente esté pintado y cuán cómodo sea en su interior, un automóvil con un motor que no funcione como se espera es tan sólo un armazón de potencial frustrado. Aun cuando es posible que un automóvil marche con pocos cilindros, nunca llegará tan lejos ni irá tan rápido, ni tendrá una marcha tan suave y agradable como cuando el motor está afinado. Y cuando unos pocos cilindros llevan la carga que por diseño deben desempeñar más de ellos, la calidad del rendimiento se deteriora.

Lamentablemente, hay demasiadas estacas, demasiados barrios y demasiadas familias en la Iglesia que funcionan con pocos cilindros, incluyendo algunas de tales unidades que tratan de funcionar con uno solo. El barrio de un solo cilindro es aquel en el que el obispo se encarga de todos los problemas, toma todas las decisiones, hace seguimiento de todas las asignaciones y encara todos los desafíos. Entonces, como cualquier otro cilindro sobrecargado, empieza a petardear y a funcionar de manera irregular y termina completamente agotado.

Recuerdo una conversación que tuve con un joven obispo en una ocasión. Al hablarme amorosamente de su ministerio, compartió conmigo una sobrecogedora frustración: "Lo que más me agobia", me dijo, "es que las horas del día no me alcanzan para hacer todo cuanto debo hacer".

Cuán bien recordaba yo esos sentimientos de mis épocas de obispo. Así que manteniéndome lo más serio que pude, le dije:

"¿Sabe una cosa?, creo que usted es el primer obispo en toda la historia de la Iglesia que se haya sentido de ese modo".

Reímos por un momento, pues él entendió lo que trataba de decirle. Entonces le expliqué que aun cuando hay ciertas llaves del sacerdocio que únicamente él posee, así como ciertas funciones en el barrio que sólo él puede llevar a cabo, no se le había llamado para hacerlo todo, sino para presidir y guiar y para extender el amor de Dios a Sus hijos. Entonces le aseguré que nadie, y mucho menos nuestro Padre Celestial, esperaba que él hiciera todo por sí solo.

Lo mismo puede decirse de nuestros presidentes de estaca, presidentes de quórum y presidentes de organizaciones auxiliares en la Iglesia, y de padres y madres en sus familias. Todos tienen responsabilidades que exigen mucho de su tiempo, sus destrezas y su energía, pero no se espera que ninguno lo lleve a cabo solo. Dios, el Supremo Organizador, ha inspirado la creación de un sistema de comités y consejos. Si ese sistema se entiende, se implementa y se utiliza detenidamente, reducirá las cargas que pesen individualmente sobre un líder y magnificará el alcance y el impacto del ministerio de ese o esa líder, mancomunando el discernimiento, la capacidad y la sabiduría de muchos líderes que están facultados para recibir la guía y la inspiración del Espíritu Santo. El sistema de consejos también actúa como salvaguarda de la Iglesia al ofrecer apoyo y fortaleza en aquellos aspectos en los que un líder demuestre tener alguna deficiencia.

Como miembro del Quórum de los Doce Apóstoles, sirvo en varios consejos y comités generales de la Iglesia. Cuento como una de las grandes bendiciones de mi vida el trabajar y servir junto a dedicados hombres y mujeres cuyo mayor deseo es cumplir con la voluntad de nuestro Padre Celestial. Hemos tenido magníficas experiencias al deliberar juntos, algunas veces durante varias horas, formulando planes, programas y normas para el beneficio y el

INTRODUCCIÓN: EL SINERGISMO ESPIRITUAL

fortalecimiento de todos los miembros de la Iglesia durante estos tiempos tan complejos y desafiantes.

Aun cuando considero que dicho servicio es una oportunidad por demás singular y maravillosa, no me incomoda decir que nuestras responsabilidades no siempre son tan fáciles como quizás aparenten serlo. Ante la vasta diversidad de idiomas, culturas y medios sociales que actualmente existen dentro de la Iglesia, toda nuestra planificación y preparación a escala general tienen que ser amplias así como específicas: lo suficientemente amplias para satisfacer las diversas necesidades de millones de miembros en docenas de diferentes países, y lo debidamente específicas para atender cada circunstancia individual. Con tal fin es que los líderes del sacerdocio y de las organizaciones auxiliares se acercan con regularidad al Señor en oración en busca de Su guía. Por cierto que nos hemos sentido edificados y elevados por el espíritu de inspiración —y también de revelación— cuando éste se nos ha concedido.

En muchos casos, los consejos generales de la Iglesia funcionan casi de la misma manera como deberían funcionar los consejos eclesiásticos locales y familiares. Bajo la dirección del sacerdocio y la influencia del Espíritu Santo, estos consejos tendrían que ofrecer la oportunidad de un intercambio franco y una comunicación clara y concisa. En todo momento nuestras metas y nuestros objetivos mutuos se deben entender claramente. Todo cuanto hacemos, todo cuanto enseñamos, todo plan que proponemos, debe centrarse en ayudar a los hijos de Dios a gozar de las bendiciones plenas del Evangelio en esta vida, y prepararse para regresar a su hogar celestial en la venidera. Los consejos tienen el propósito de apoyar a las familias en tal esfuerzo, asegurándose de nunca entrar en competencia con ellas.

Por lo tanto, nuestras reuniones de consejo tienen que ver con deberes y responsabilidades, no con jurisdicciones. Dichos deberes y responsabilidades ofrecen la oportunidad a los quórumes del sacerdocio y a las organizaciones auxiliares de la Iglesia de unirse en un espíritu de amorosa cooperación para ayudar a nuestro Padre Celestial en Su obra y gloria de "llevar a cabo la inmortalidad y la vida eterna del hombre" (Moisés 1:39). Lo mismo sucede con nuestros consejos familiares, sólo que en tales casos padres e hijos unen fuerzas de un modo dinámico para asegurarse de que no haya lugares vacíos alrededor de las mesas de nuestra familia eterna.

Si acaso hubo alguna vez una época en la que tal esfuerzo mancomunado de parte de los miembros de la familia y de los hombres y las mujeres líderes en la Iglesia fuera necesario en favor de los hijos de nuestro Padre Celestial, esa época es ahora. Vivimos tiempos peligrosos en los que se requiere constante vigilancia de parte de todos a quienes se nos ha confiado velar en el reino. Nuestras responsabilidades individuales son enormes, pero igualmente importante es la responsabilidad que compartimos con otras personas en el hogar y en la Iglesia a fin de unir esfuerzos para bendecir la vida de los miembros de nuestra familia y de todos nuestros hermanos y hermanas eternos.

Sinergismo espiritual

Los científicos se refieren a este tipo de esfuerzo cooperativo como *sinergismo,* el cual se define como "una acción unida de diferentes agentes u organismos que producen un efecto superior al de la suma de varias acciones individuales" (*The Thorndike-Barnhardt Dictionary*). El antiguo moralista Esopo solía ilustrar este concepto sosteniendo una vara y pidiendo un voluntario entre su auditorio que pensara que pudiera quebrarla. Por cierto que la persona rompía la vara con facilidad. Entonces Esopo ponía dos varas del mismo tamaño juntas y pedía al mismo voluntario que las rompiera

INTRODUCCIÓN: EL SINERGISMO ESPIRITUAL

al mismo tiempo. Esto resultaba más difícil, pero generalmente se podía lograr sin demasiado esfuerzo. El proceso se repetía añadiendo una vara a la vez, hasta que al voluntario se le hacía imposible romper el atado de varas. La moraleja de la ilustración de Esopo era sencilla: no somos tan fuertes individualmente como lo somos unidos.

Dios nunca ha dispuesto que Sus hijos hicieran frente solos a importantes decisiones y responsabilidades. Durante nuestra existencia premortal, Él mismo reunió a un gran concilio a fin de presentar Su glorioso plan para nuestro bienestar eterno. Su Iglesia está organizada con consejos en todos los niveles, comenzando con el Consejo de la Primera Presidencia y el Quórum de los Doce Apóstoles y llegando hasta nuestros consejos de estaca, de barrio y de familia. El apóstol Pablo enseñó que la organización de la Iglesia, completa con apóstoles, profetas y otros oficiales y maestros, fue instituida por el Salvador "a fin de perfeccionar a los santos para la obra del ministerio, para la edificación del cuerpo de Cristo, hasta que todos lleguemos a la unidad de la fe" (Efesios 4:11–13).

En su primera epístola a los santos de Corinto, Pablo comparó a los miembros de la Iglesia y sus varias responsabilidades con el funcionamiento del cuerpo humano.

"Pues tampoco el cuerpo es un solo miembro, sino muchos... Pero ahora Dios ha colocado los miembros, cada uno de ellos, en el cuerpo, como él quiso. Porque si todos fueran un solo miembro, ¿dónde estaría el cuerpo? Pero ahora hay muchos miembros, aunque uno solo es el cuerpo. Ni el ojo puede decir a la mano: No te necesito; ni tampoco la cabeza a los pies: No tengo necesidad de vosotros... para que no haya división en el cuerpo, sino que todos los miembros se preocupen por igual los unos por los otros. De manera que, si un miembro padece, todos los miembros padecen con él; y si un miembro recibe honra, todos los miembros con él se gozan" (1 Corintios 12:14, 18–21, 25–26).

Las Escrituras dejan bien en claro que aun cuando nuestras respectivas funciones sean diferentes y puedan cambiar de vez en cuando, todas son igualmente importantes para el funcionamiento exitoso de la Iglesia. Es necesario que los quórumes del sacerdocio se hagan valer y cumplan sus responsabilidades divinamente dispuestas, así como es necesario que la Sociedad de Socorro, la Primaria, las Mujeres Jóvenes, la Escuela Dominical y el líder misional del barrio desempeñen sus funciones vitales. También es necesario que cada una de esas inspiradas organizaciones trabajen juntas en consejo, ayudándose entre sí, para provecho de las personas y las familias.

Sherry, una madre que estaba criando sola a sus dos hermosas hijas, se mudó a un nuevo barrio. Había pasado mucho tiempo desde que había estado activa en la Iglesia, pero sentía fuertes anhelos espirituales, así que se mostró muy complacida cuando la presidencia del quórum de élderes fue a ayudarla el día de la mudanza a su nueva casa y le extendió la invitación de asistir a una actividad social del quórum más tarde esa semana.

A la tarde siguiente pasó a visitarla la presidencia de la Sociedad de Socorro y después la asesora de una de sus hijas en el programa de las Mujeres Jóvenes y la maestra de Primaria de la hija más pequeña. Para cuando llegó el obispo más tarde ese mismo día, a Sherry le parecía que ya conocía a todos los miembros del barrio. Cada una de las visitas había sido cálida y amigable y, al llegar el domingo, ella y sus hijas estaban prontas y deseosas de asistir a las reuniones de la Iglesia.

"Ninguna de esas personas me conocía", dijo Sherry más adelante, "pero me hicieron sentir como si estuviera regresando a casa", lo cual no estaba muy lejos de la realidad.

INTRODUCCIÓN: EL SINERGISMO ESPIRITUAL

Las demostraciones de afecto e interés genuino le dieron el valor que ella necesitaba para efectuar grandes cambios en su vida. En menos de una semana ya tenía un llamamiento en el barrio y sus hijas participaban en las actividades y los proyectos de sus respectivas clases.

A medida que Sherry se adaptaba a su nuevo barrio y al ser bien recibida por sus miembros, fue receptiva al Espíritu del Señor que descansó sobre ella. Su testimonio se vio revitalizado y su fe restaurada. Poco después de un año de haberse mudado al barrio, muchas de sus nuevas amistades y vecinos la acompañaron al templo, donde hizo sagrados convenios de magnitud eterna.

Tuve la oportunidad de hablar con el obispo de Sherry sobre la experiencia. "Cuánto quisiera poder decir que todo siempre sale bien", me dijo. "Hay veces que las cosas resultan mejor que otras, pero cuando se combina la totalidad del programa de la Iglesia por medio de los consejos, como en este caso, centrándose en las necesidades específicas de una familia o una persona, puede que sucedan milagros".

Yo testifico que tales milagros pueden acontecer en la medida en que estemos preparados para trabajar juntos —los hombres y las mujeres que sirven en los quórumes y en las organizaciones auxiliares de la Iglesia— a fin de hacer que sucedan. La obra en la que estamos embarcados no es una obra de hombres ni una obra de mujeres, sino que es la obra de Dios. Estamos en Su mandato, y servimos de acuerdo con Su voluntad.

El presidente Ezra Taft Benson dijo en una ocasión:

"Hay un principio que se cita en Doctrina y Convenios el cual, a pesar de estar dirigido específicamente a los quórumes más altos de la Iglesia, se aplica a todos los consejos en el gobierno de la misma. Esto es lo que leemos en la sección 107: . . .

"'Las decisiones de estos quórumes [o consejos]. . . se deben tomar con toda rectitud, con santidad y humildad de corazón, mansedumbre y longanimidad, y con fe, y virtud, y conocimiento, templanza, paciencia, piedad, cariño fraternal y caridad' (D. y C. 107:30). . . A mí me da la impresión de que éste es el modelo que el Señor desea que sigamos al funcionar por medio de los consejos del sacerdocio en todos los niveles del gobierno de la Iglesia. Debemos ser uno en todos los aspectos de esta obra . . . pues todas las cosas son espirituales para Aquel a quien reconocemos como el Maestro" ("Church Government through Councils", págs. 88–89).

Siempre he observado que cuando los líderes hacen el debido uso de sus comités y consejos, se bendicen muchas vidas. Al igual que un automóvil esmeradamente fabricado que funciona al máximo grado de eficacia, dichas organizaciones de la Iglesia hacen avanzar la obra del Señor más rápidamente y en forma más extensa. Están unidas, y juntas disfrutan mucho más del viaje por la carretera del servicio de la Iglesia.

Una manera importante de aumentar la unidad y la eficacia de nuestros consejos de barrio y de estaca es recordar que todos sus miembros tienen una responsabilidad doble: no solamente representan las necesidades y las perspectivas de cada una de las organizaciones que han sido llamados para dirigir, sino que cada uno también sirve como miembro del *consejo*, compartiendo en igual medida con los demás la mayordomía que procura el éxito de la obra del Señor en esa parte del reino. Entonces, cuando se trata un asunto que concierne a todos los miembros del barrio o de la estaca, se debe dar plena consideración a los puntos de vista y a las recomendaciones de todos los miembros del consejo, tanto los hermanos como las hermanas. Esa manera de proceder resultará en decisiones más prudentes y generará un mayor compromiso a medida que se les lleve a la práctica.

Cuando los líderes de la Iglesia permiten a aquellos a quienes

INTRODUCCIÓN: EL SINERGISMO ESPIRITUAL

el Señor ha llamado para que sirvan con ellos para ser parte de un equipo dedicado a encontrar soluciones a problemas, los resultados pueden ser magníficos. Tanto la experiencia como el grado de comprensión se ven estimulados, lo cual contribuye a que encontremos soluciones más atinadas. Revitalizamos a las personas al concederles la oportunidad de dar su opinión y ser escuchadas. Preparamos a los líderes del futuro al permitirles participar y aprender, y cuantas más personas se sientan responsables por encontrar salidas a problemas comunes, un número mayor de ellas estará dispuesto a ser parte de la solución, lo cual incrementa considerablemente la posibilidad de alcanzar el éxito.

Una vez que los debidos consejos están instalados y vigorizados, los líderes pueden empezar a ver más allá del mantenimiento y de satisfacer las necesidades de las personas, y hacer del mundo un mejor lugar donde vivir. No hay ninguna razón para las que las agendas de los consejos de barrio no incluyan temas tales como la violencia en la sociedad, los problemas en las zonas urbanas, el desempleo o el maltrato de cualquier clase. Los obispos podrían preguntar a los miembros de sus consejos: "¿Cómo podemos marcar una diferencia en nuestra comunidad y en nuestras familias en estos importantes aspectos?". Esa amplia consideración y participación en nuestras comunidades no sólo resultaría interesante y causaría un profundo sentido de realización, sino que sería lo que se espera de los Santos de los Últimos Días como cristianos.

En otras palabras, una de las grandes virtudes del sistema de consejos es la flexibilidad que ofrece para desarrollar e implantar soluciones locales para problemas locales. Entonces, a medida que las necesidades de las personas, de las familias y de las comunidades cambian con el trascurso del tiempo, los consejos de barrio y de estaca —funcionando bajo la dirección del sacerdocio y de las pautas establecidas por la Iglesia— pueden centrar su sabiduría colectiva y la inspiración del cielo en tales necesidades, para así beneficiar y elevar a todos quienes se encuentren dentro de su círculo de influencia.

El poder de los consejos

A lo largo de los años que he prestado servicio en la Iglesia, he visto extraordinarios ejemplos del poder de la función de nuestros consejos. Hace años, cuando servía como obispo, una familia numerosa de nuestro barrio se enfrentó a una gran crisis cuando el padre quedó sin empleo. Preocupado por el bienestar de todos ellos durante esos momentos apremiantes, los visité en su casa para darles algunos consejos y ofrecerles el apoyo y la ayuda de la Iglesia. Curiosamente, ellos se mostraron renuentes a aceptar mi oferta de ayuda provisional, por lo que llevé el asunto a la consideración del comité de bienestar y del consejo de barrio. En un espíritu de amorosa confidencialidad compartí con ellos mi preocupación por esa buena familia y pedí que aportaran ideas sobre cómo podíamos ayudar a esos, nuestros hermanos y hermanas. La presidenta de la Sociedad de Socorro se ofreció para visitar a la hermana a fin de determinar las necesidades temporales de la familia y ver cómo se podían obtener los artículos de primera necesidad que les eran imprescindibles, todo lo cual, por supuesto, formaba parte de su responsabilidad de acuerdo con el programa de la Iglesia. En menos de un par de días, ella logró lo que yo no había podido lograr, y la familia aceptó, humildemente y con gratitud, la ayuda que se le ofrecía. El presidente del quórum de élderes se reunió con el padre de la familia —lo cual, por cierto, él tenía pleno derecho de hacer como parte de su deber— y juntos procuraron maneras de mejorar su situación laboral. Nuestro presidente de los Hombres Jóvenes notó que la casa de la familia realmente necesitaba una buena mano de pintura y coordinó un esfuerzo conjunto de los presbíteros con el grupo de sumos sacerdotes para pintar la casa.

En el curso de mis conversaciones con los padres, descubrí que estaban seriamente endeudados y atrasados en el pago de su hipoteca. Siguiendo las pautas aprobadas en el programa de bienestar, les pregunté si existía alguna posibilidad de que familiares y parientes les proporcionaran alguna ayuda durante ese período tan difícil para ellos, pero se me dio poca información. Sin embargo, nuestra presidenta de la Sociedad de Socorro averiguó que la madre de la familia tenía un hermano que disfrutaba de una excelente posición económica.

"No hay ninguna razón para ponerse en contacto con él", dijo la madre. "No nos hemos hablado por años. No puedo llamarlo y decirle: '¡Hola!, ¿te acuerdas de mí? Soy tu hermana, ¿podrías prestarme algo de dinero?'".

Comprendí claramente su dilema, pero al mismo tiempo consideré que era importante seguir el orden de la Iglesia. Conversé con esa buena hermana y por fin recibí su permiso para contactarme con su hermano que vivía en una ciudad distante. Lo llamé y le expliqué las difíciles circunstancias por las que pasaba su hermana menor. En menos de tres días llegó a Salt Lake City y ayudó a la familia de su hermana a poner sus asuntos económicos en orden. Mientras tanto, nuestro presidente del quórum de élderes ayudaba al padre de la familia a encontrar un empleo seguro que le diera un buen ingreso. Al poco tiempo, la situación de la familia estaba mejor de lo que jamás había estado.

Pero más importante aún, su relación familiar era más estrecha y se mostraban más unidos. Creo que nunca olvidaré ese tierno momento en el que la madre y su hermano volvieron a encontrarse después de años de distanciamiento. A pesar de que su hermano se había apartado de la Iglesia, se vio un acercamiento inmediato de espíritu a espíritu que sólo se puede llegar a entender dentro del contexto del Evangelio. Así que seguramente no sorprenderá a nadie enterarse de que como resultado de esa experiencia, con el tiempo, el hermano volvió a la actividad en la Iglesia y renovó su relación con todos los miembros de su familia aún en vida. Todo ello como producto de la inspirada labor de un fiel consejo de barrio que funcionó de acuerdo con el programa que Dios ha diseñado para Sus hijos mediante Sus siervos.

A lo largo de años de experiencias como ésa, he llegado a creer con todo mi corazón que el sistema de consejos de la Iglesia ha sido divinamente estructurado para ser una bendición en la vida de los hijos de nuestro Padre Celestial. Para ser perfectamente sincero, hay veces que me cuesta entender por qué tantos de nuestros líderes no llegan a captar la visión de cómo el obrar mediante los consejos puede ampliar su capacidad de lograr todo cuanto el Señor espera de ellos en sus respectivas mayordomías.

Por ejemplo, uno de los desafíos más grandes a los que se enfrenta la Iglesia en la actualidad es la necesidad de hermanar y retener al creciente número de nuevos conversos. En algunas partes del mundo, donde año tras año se bautiza al equivalente a un nuevo barrio, ésta es una tarea de enormes proporciones. Resultaría difícil si no imposible para un obispo o presidente de rama tan siquiera considerar esa asignación tan crucial sin los constantes esfuerzos de los dedicados consejos donde los miembros están mancomunados en su servicio para beneficio de todos los hijos de Dios de su barrio o rama.

Asimismo, el consejo de barrio que regularmente analiza la forma en que los quórumes y las organizaciones auxiliares pueden ofrecer oportunidades de hermanamiento a todos cuantos estén investigado la Iglesia, puede hacer mucho por cultivar un buen sentido de confraternidad en el barrio. Por ejemplo, si las hermanas

INTRODUCCIÓN: EL SINERGISMO ESPIRITUAL

de la Primaria invitaran a niños de una familia de investigadores a asistir a la Primaria, éstos harían nuevos amigos y sentirían que la Iglesia realmente está interesada en ellos. Por cierto eso ayudaría a los misioneros en el proceso de conversión de la familia. Todos los miembros del consejo deben buscar maneras de dar a los investigadores oportunidades de forjar relaciones con alguien más que no sean los misioneros. El líder misional del barrio puede coordinar tal esfuerzo por medio del comité ejecutivo del sacerdocio y directamente con los líderes de las organizaciones auxiliares. Debemos recordar que el líder misional del barrio se reúne todas las semanas con los misioneros de tiempo completo para repasar la lista de personas a quienes les están enseñando y para coordinar el trabajo.

En un sentido muy real, el consejo de barrio es el "brazo receptor" de la Iglesia. Si los consejos de barrio están funcionando como es debido, a todo nuevo converso se le hermanará, se le asignarán maestros orientadores y maestras visitantes, y recibirá un llamamiento apropiado pocos días después de haber sido bautizado. Del mismo modo, los menos activos recibirán llamamientos que les confirmarán que se les necesita y que los miembros del barrio les aman.

Desde 1985 he servido como miembro de un consejo integrado por doce hombres. Nuestros antecedentes individuales son diferentes y llevamos al Quórum de los Doce Apóstoles toda una gama de experiencias en la Iglesia y en el mundo. No les quepa duda que en nuestras reuniones no nos cruzamos de brazos esperando que el presidente de nuestro quórum nos diga lo que debemos hacer. Intercambiamos opiniones y escuchamos lo que cada uno tiene para decir con profundo respeto por las diversas destrezas que cada miembro aporta al Quórum. Tratamos una amplia variedad de temas y asuntos, desde aquellos relacionados con la administración de la Iglesia hasta los que forman parte de la problemática mundial, y lo hacemos franca y abiertamente. A veces se tratan algunos asuntos por semanas, meses y en ocasiones hasta por años antes de adoptar una decisión. No siempre estamos de acuerdo durante nuestras deliberaciones, pero una vez que se toma una decisión, estamos plenamente unidos.

Por supuesto que ni siquiera en el Quórum de los Doce Apóstoles jamás olvidamos el importante principio rector de la revelación por medio de quienes poseen las llaves del sacerdocio en cuanto a liderazgo y autoridad. Aun cuando el deliberar en consejos es esencial para el éxito en el gobierno del Evangelio, quienes sirven en consejos de la Iglesia deben tener cuidado de no malentender su función en el transcurso de ello. El consejo no es un foro democrático; no hay lugar a veto ni a la voluntad de la mayoría. Si bien el aporte de los miembros de un consejo es necesario para el funcionamiento de las unidades de la Iglesia en todas partes, nunca reemplaza la dirección del Espíritu Santo cuando ésta se manifiesta por medio de la revelación a aquellos que poseen las llaves del sacerdocio.

En una ocasión el presidente David O. McKay contó de una reunión del Quórum de los Doce Apóstoles en la que se presentó un asunto de gran importancia. Él y los otros apóstoles sentían que se debía tomar un curso de acción particular y estaban preparados para expresar su sentir en una reunión con la Primera Presidencia más tarde ese día. Sin embargo, para su sorpresa, el presidente Joseph F. Smith no les pidió su opinión, como era su costumbre, sino que se puso de pie y dijo: "Esto es lo que el Señor desea que hagamos".

"Si bien aquello no coincidía plenamente con lo que nosotros pensábamos", escribió el presidente McKay, "el presidente Francis M. Lyman, en aquel tiempo presidente del Quórum de los

Doce, fue el primero en incorporarse y decir: 'Hermanos, propongo que ésta sea la opinión y el juicio de este consejo'.

"'Respaldo la moción', dijo otro, y hubo unanimidad. No pasaron seis meses sin que se hubiese manifestado la sabiduría de aquel líder" (*Gospel Ideals,* pág. 264).

¡Demos gracias por el principio de la revelación en la Iglesia! Pero no subestimemos el valor de las opiniones de los miembros de un consejo en el proceso de deliberación, pues eso forma parte del milagro de los consejos de la Iglesia. Al escuchar el parecer de los demás y la voz del Espíritu, los miembros del consejo pueden llevar adelante la obra del Señor de maneras significativas. Además, al apoyarnos mutuamente y participar en los consejos de la Iglesia, empezamos a entender cómo Dios puede valerse de hombres y mujeres comunes y corrientes para hacer de ellos líderes para nada comunes. Los mejores líderes no son aquellos que trabajan incesantemente tratando de hacerlo todo por sí mismos; los mejores líderes son quienes siguen el plan de Dios y deliberan en sus consejos.

Dijo el Señor en una dispensación anterior mediante el profeta Isaías: "Venid ahora . . . y razonemos juntos" (Isaías 1:18). En esta dispensación Él repitió esa admonición, diciendo: "Razonemos juntos para que entendáis" (D. y C. 50:10). Este libro tiene como fin reseñar de una forma más o menos detallada el plan del Señor de "razonar juntos" mediante consejos de familia, de barrio y de estaca. Analizaremos los fundamentos doctrinales del sistema de consejos, trataremos las funciones y los propósitos de una gran variedad de consejos, y ofreceremos algunas sugerencias prácticas a líderes y miembros de consejos. El mundo en el que actualmente vivimos requiere de miembros y líderes de la Iglesia nuestro mejor instinto y el uso más prudente de cada recurso que nuestro Padre Celestial nos ha dado para proteger a Sus hijos y a Su Iglesia.

Todos los ejemplos y las experiencias que habré de compartir son verídicos, aunque he decidido no emplear los nombres reales de las personas ni de lugares a fin de proteger la privacidad de quienes compartieron tales casos conmigo. Muchas de esas experiencias me las han enviado por escrito presidentes de estaca, oficiales de organizaciones auxiliares de estaca y de barrio, obispos y otras personas que han sido testigos oculares del magnífico deber positivo de deliberar con nuestros consejos.

Sin embargo, antes de pasar a tales experiencias, echaremos una mirada a la historia espiritual de los consejos, comenzando con el más importante de ellos —ese que nadie puede en realidad recordar— el gran concilio premortal de los cielos.

CAPÍTULO 1

EL CONCILIO DE LOS CIELOS

Mi abuelo materno, Hyrum Mack Smith, era el hijo mayor del presidente Joseph F. Smith, sexto Presidente de la Iglesia. El inesperado fallecimiento de mi abuelo en 1918, apenas dos meses antes de cumplir cuarenta y seis años, causó gran consternación a todos cuantos le conocían y amaban, entre ellos, su padre, el Profeta. Como cualquier padre angustiado ante la muerte de uno de sus hijos, el presidente Smith pasó bastante tiempo entregado a la sincera oración y contemplación espiritual, buscando consuelo en los días posteriores al fallecimiento de su hijo. En particular meditó en cuanto al plan de salvación eterno de Dios, y sus ramificaciones personales para cada uno de nosotros en esta vida y en la venidera.

El 3 de octubre de 1918, pocos meses después del fallecimiento de Hyrum, el presidente Smith estaba sentado en su habitación "meditando sobre las Escrituras" (D. y C. 138:1), cuando se abrió ante él una maravillosa visión, dándosele la oportunidad singular de mirar más allá del velo y ver algo de lo que sucedió en el mundo de los espíritus antes de esta vida, así como lo que sucederá en la vida que nos aguarda después de ésta.

Lo que el presidente Smith aprendió durante esa increíble experiencia fue extraordinario. Por ejemplo, se le concedió entender

EL DIVINO SISTEMA DE CONSEJOS

este significativo concepto en cuanto a los primeros líderes de la Iglesia tales como su padre y su tío, Hyrum y José Smith, así como Brigham Young, John Taylor, Wilford Woodruff y otros: "Aun antes de nacer, ellos, con muchos otros, recibieron sus primeras lecciones en el mundo de los espíritus, y fueron preparados para venir en el debido tiempo del Señor a obrar en su viña en bien de la salvación de las almas de los hombres" (D. y C. 138:56).

Una de las lecciones fundamentales que nuestro Padre Celestial nos enseñó en ese "mundo de los espíritus" fue la importante función de los consejos, y de deliberar juntamente en el gobierno del Evangelio. Desde el mismo comienzo, Dios ha realizado Su obra por medio de un sistema organizado de consejos.

El primer consejo del que tenemos conocimiento ocurrió antes de la creación de este mundo, en un lugar en el que todos vivimos pero que nadie puede recordar. Dios, nuestro Padre Celestial, fue la autoridad presidente en ese encuentro tan trascendental. A Su lado estaba Su primogénito, Jehová, a quien conocemos por el nombre de Jesucristo. No sabemos exactamente cómo se efectuó ese concilio de los cielos ni el proceso que se siguió en él. Aun cuando nos referimos al concilio de los cielos como un solo consejo, es posible que haya habido múltiples reuniones de consejo en las que se enseñó el Evangelio, donde se preordenó a profetas y a otros líderes y donde se hicieron otras asignaciones a personas en particular. El presidente Joseph Fielding Smith hizo la siguiente declaración sobre los consejos en la vida premortal: "Cuando llegó el momento de ser avanzados en la escala de nuestra existencia y de pasar por esta probación terrenal, se realizaron concilios y los hijos espirituales recibieron instrucción en cuanto a los asuntos relativos a las condiciones de este estado mortal y en cuanto a la razón de tal tipo de existencia" (*Doctrina de Salvación*, 1:54).

Sabemos que en determinado momento del proceso, se

anunció a los hijos y a las hijas de nuestro Padre Celestial Su plan concerniente a nuestro progreso y dicha eternos. Como participantes, tuvimos el privilegio de aceptar o rechazar ese plan tal como lo presentó Jehová, así que estoy seguro de que prestamos cuidadosa atención a lo que se habló de la creación del mundo, la caída de Adán y Eva, la Expiación, la Resurrección y el juicio final (véase "Council in Heaven", en *Encyclopedia of Mormonism*, 1:328–329). Nos regocijamos (véase Job 38:5) al pensar en la vida mortal, en su promesa y potencial, aunque quizás hayamos sentido algo de preocupación ante la posibilidad de fallar.

Sabemos que Lucifer trató de modificar el plan para exaltarse a sí mismo por encima de Dios (véase Moisés 4:1; Isaías 14:12–14). Ya que el asunto del albedrío era vital en el plan de nuestro Padre (véase D. y C. 29:35; Moisés 4:1, 3), y debido a que Él escogió a Jehová, quien se había ofrecido para ser el Redentor (Moisés 4:2), Lucifer se rebeló y pasó a ser Satanás, el que persuadió a una tercera parte de las huestes celestiales a que lo siguieran. Tras ello vino lo que conocemos como la guerra de los cielos, lo cual resultó en que los espíritus rebeldes fueran expulsados (Moisés 4:3–4; Abraham 3:28).

Claro que no sabemos todo lo que aconteció durante ese concilio premortal, pero si nos basamos en lo que sí sabemos, la forma en que nuestro Padre Celestial administró el concilio de los cielos indica claramente varios principios clave en las decisiones que se toman mediante los consejos.

El líder eficiente tiene visión

Primero, como líder del concilio, nuestro Padre Celestial llegó a él con un plan. Si bien es cierto que los consejos se pueden emplear eficazmente para formular planes de acción, también cabe reconocer que el líder debe llegar a las deliberaciones, al menos, con cierta visión de lo que se debe hacer. Esa visión no siempre tiene que incluir todos los detalles de *lo que queremos hacer*, pero si es que el consejo llegará a adoptar cualquier decisión relevante, el líder tiene que saber *a dónde queremos llegar* y *qué es lo que deseamos que suceda*. Sin ese liderazgo y sentido de visión, ¿cómo se enterará el consejo de cuándo se haya adoptado una decisión apropiada?

Cuando un líder eclesiástico inspira a los miembros de un consejo con visión, los ayuda a enfocarse en la misión que ellos tienen a fin de que ministren entre la gente en vez de que simplemente administren programas. Al mismo tiempo, este enfoque genera un poderoso espíritu de equipo que mejora las relaciones de trabajo entre los miembros del consejo.

Esa visión marca una enorme diferencia. ¿Por qué fue la reacción de Nefi tan diferente a la de sus hermanos mayores Lamán y Lemuel ante la buena disposición que tenía su padre de seguir las directivas del Señor de que llevara a su familia al desierto? ¿Tendrá que ver con el hecho de que Nefi se dirigió al Señor en privado para pedirle que le concediera su propio testimonio o su propia visión de lo que Él le había encomendado a su padre? "Y sucedió que yo, Nefi, siendo muy joven todavía, aunque grande de estatura, y teniendo grandes deseos de conocer los misterios de Dios, clamé por tanto al Señor; y he aquí que él me visitó y enterneció mi corazón, de modo que creí todas las palabras que mi padre había hablado, así que no me rebelé en contra de él como lo habían hecho mis hermanos" (1 Nefi 2:16). Nefi procuró su propia visión y como resultado de ello se le enterneció el corazón. Recibió una perspectiva más clara del rumbo adónde se dirigía su familia y se comprometió a seguir al Señor. Como lo explicó Salomón: "Sin [visión] el pueblo se desenfrena" (Proverbios 29:18).

Casi en forma universal, la gente se motiva cuando siente que existe un propósito y que cada uno es parte de una causa mayor.

Los líderes tienen el privilegio y la responsabilidad de ofrecer una visión clara y contundente a quienes ellos dirigen.

El líder eficiente insta a la libre expresión

Segundo, el concilio de los cielos permitió que se oyeran diferentes opiniones. Los argumentos esgrimidos por Satanás para modificar el plan de nuestro Padre Celestial tienen que haber sido persuasivos, ya que muchos de nuestros hermanos y hermanas, procreados en espíritu, decidieron seguirlo. El hecho de que tan siquiera se le permitiera exponer un plan tan dispar, habla a las claras de la importancia de dialogar en las reuniones de consejo. De un modo similar, nuestros consejos deben siempre dedicar tiempo a la deliberación y a la consideración de puntos de vista discrepantes. Tal vez no siempre estemos de acuerdo con lo que digan otras personas, pero todos progresaremos ante la oportunidad de expresar nuestro parecer y de considerar opiniones y maneras de enfocar un problema que puedan diferir considerablemente con respecto a las nuestras.

Un presidente de estaca a quien conozco presentó ante su consejo de estaca una preocupación que tenía en cuanto a aumentar la espiritualidad entre los miembros. Él estaba concretamente interesado en que los miembros de la estaca fortalecieran sus testimonios personales del Señor Jesucristo. Tenía la visión de un esfuerzo a nivel de estaca para que la gente pensara, estudiara y orara más, pero no estaba seguro de los detalles, así que pidió a los miembros del consejo que aportaran ideas y sugerencias.

Durante varias semanas, los miembros del consejo consideraron numerosas posibilidades, dedicando al asunto mucha meditación, investigación y oración, tras lo cual presentaron toda una gama de ideas. Finalmente empezaron a dar forma a un plan que giraba en torno a una gran adaptación teatral de la obra musical de la Iglesia "El Salvador del mundo", la cual se presentaría durante la Navidad.

"Para ser sincero, desconocía por completo esa obra antes de que la recomendara un miembro del consejo", comentó el presidente de estaca. "No está dentro de mi esfera de experiencia personal, así que era algo que nunca se me hubiera ocurrido a mí, pero cambió muchas vidas, fortaleció muchos testimonios del Salvador entre quienes participaron en la producción y entre quienes asistieron a verla. Yo atribuyo eso completamente a la incuestionable preparación espiritual de los miembros de nuestro consejo de estaca".

Tales experiencias, sin embargo, recalcan la necesidad de que los líderes estén preparados mental, emocional y espiritualmente, y que hayan considerado detenidamente y en oración el asunto en cuestión a fin de demarcar la visión mencionada anteriormente. Un aspecto significativo del manto de liderazgo, particularmente en lo que atañe a la autoridad presidente, es el privilegio y la responsabilidad de delinearle el camino al grupo más grande, de indicar claramente dónde debe llegar el consejo, y de gozar de la sensibilidad espiritual para reconocer la aprobación del Espíritu Santo en cuanto a las debidas ideas que se presenten, sin importar quién las presente.

El líder eficiente respeta el don del albedrío

Otro importante principio que observamos en el concilio de los cielos es que todos sus miembros gozaban del preciado don del albedrío. Ese consejo no fue un ejercicio en compulsión ni un estudio en dominación, aun cuando bien se podría argumentar que si alguna vez hubo un consejo dirigido por un líder digno de ejercer autoridad absoluta, fue precisamente ése. Más bien fue un ejercicio en albedrío. Al tomar ésta, la más trascendental de todas las decisiones eternas, a través de un consejo, nuestro Padre Celestial ofreció la máxima ilustración de cómo la expresión libre y abierta junto a un liderazgo con visión por lo general resulta en la adopción de buenas decisiones. Aun cuando la libertad siempre trae aparejados ciertos riesgos, desafíos y responsabilidades, también otorga un poder real a aquellos que escogen ejercerla sabiamente. También da a todos los que están de tal modo facultados un cierto grado de propiedad en las decisiones de los consejos, lo cual, como lo ha demostrado la experiencia, es un elemento clave en el funcionamiento exitoso de un consejo. Nadie podría quejarse de no haber entendido o de no haber tenido la oportunidad de participar.

Si el concilio de los cielos nos brinda una excelente imagen de la forma de gobernar en el Evangelio por medio de consejos grandes (tales como los consejos de barrio o los sumos consejos de estaca), otro consejo de la existencia premortal nos enseña importantes lecciones sobre cómo trabajar con grupos más pequeños e íntimos (como es el caso de presidencias y obispados). En la Perla de Gran Precio, aprendemos que un concilio de Dioses, que funcionó bajo la dirección de nuestro Padre Celestial, trabajó en forma conjunta para crear físicamente el mundo en el cual vivimos: "Entonces el Señor dijo: Descendamos. Y descendieron en el principio, y ellos, esto es, los Dioses, organizaron y formaron los cielos y la tierra" (Abraham 4:1).

A lo largo de todo el período de la Creación, ese consejo trabajó en forma muy unida, recibiendo instrucciones de Dios, ejecutándolas cuidadosamente, para después regresar e informar en cuanto a su progreso mientras aguardaban instrucciones adicionales. Cuando llegó el momento de crear al hombre, Abraham nos dice que "los Dioses tomaron consejo entre sí" en cuanto a cómo habrían de hacerlo. Entonces decidieron: "Descenderemos y formaremos al hombre a nuestra imagen, conforme a nuestra semejanza; y le daremos dominio sobre los peces del mar, sobre las aves del cielo, sobre el ganado y sobre toda la tierra y toda cosa que se arrastra sobre la tierra" (Abraham 4:26).

Dejaremos para el capítulo 6 la mayor parte de nuestro análisis sobre presidencias, obispados, y otros pequeños consejos, pero debemos considerar en este capítulo varios principios que se ponen de relieve en el consejo de la Creación, ya que éstos se aplican a los líderes de la Iglesia y a los consejos en todos los niveles.

El líder eficiente da instrucciones claras y precisas

La historia de la Creación ofrece importantes lecciones para quienes sirven en obispados y otros consejos de presidencia. En lo que concierne a oficiales como presidentes y obispos, la Creación bosqueja tres grandes claves de liderazgo que se logran mediante la función de un consejo.

Primero, adviértase cómo nuestro Padre Celestial dio instrucciones claras y precisas. Envió a Sus representantes escogidos con expectativas claramente definidas, y después les permitió decidir cómo cumplir con los detalles.

Un presidente de estaca a quien conozco aprendió una dura lección sobre la importancia de dar esa clase de instrucciones. Durante una reunión de presidencia de estaca le mencionó a su segundo consejero que pensaba que había llegado el momento de reorganizar la presidencia de la Primaria de la estaca. El consejero estuvo de acuerdo y supuso que hablarían más sobre el asunto o que recibiría instrucciones adicionales. Cuando no volvió a escuchar nada, el consejero dio por sentado que eso indicaba que el presidente quería que él procediera. En la siguiente reunión de la presidencia de estaca el consejero informó que había extendido el llamamiento a una nueva presidenta de la Primaria y que ella estaba considerando opciones para sus consejeras.

El presidente de la estaca quedó atónito. "Yo no quería relevar a la presidenta", dijo, "sólo pensé que era hora de efectuar un cambio de consejeras".

Si tan sólo hubiera comunicado claramente su idea a su consejero, bien podría haberse evitado esa situación tan incómoda. Lo que es más, su segundo consejero tendría que haber confirmado qué era lo que su líder esperaba que él hiciera en vez de actuar en base a una suposición al tratarse de un asunto tan importante. Al menos en ese caso, el modelo de comunicación de esa presidencia de estaca dejó bastante que desear.

El líder eficiente trabaja paso por paso

La segunda lección de liderazgo que la Creación enseña a presidentes, obispos, líderes de grupo y padres, tiene que ver con el alcance de las instrucciones que Dios dio. Él no les dijo a los miembros de Su consejo: "Vayan y creen un mundo". Aun cuando tenía la visión absoluta de lo que quería que sucediera, Él llevó a Su consejo por el proceso un paso a la vez, ofreciendo suficientes oportunidades de dar informe, aconsejar y seguir instrucciones.

Un obispo conocido entendió inmediatamente tras haber sido llamado que su mayor desafío iba a ser el programa del Sacerdocio Aarónico del barrio. No solamente era ésa su más urgente responsabilidad por mandato divino, sino que presentaba una alarmante preocupación en su barrio, puesto que los programas del Sacerdocio Aarónico hacían frente a algunos retos poco comunes. En su primera reunión de obispado con sus consejeros, se expresó considerable angustia en cuanto a la situación.

"Temo que ya hemos perdido a algunos de esos muchachos", dijo uno de los consejeros.

"Y los que vienen a la iglesia tal vez se resistan si les pedimos que hagan más de lo que han estado haciendo en la noche de actividades", añadió el otro.

El obispo había estado considerando esa importantísima responsabilidad en espíritu de oración desde que se le había extendido el llamamiento y tenía una visión muy clara de lo que se debía hacer. Pero también entendía que nada iba a suceder de una vez, así que el nuevo obispado procedió paso por paso.

"¿Quién es el líder del sacerdocio más preparado en el barrio para trabajar con los jóvenes?", preguntó el obispo.

Sin vacilar, ambos consejeros mencionaron a un hombre que en ese momento estaba sirviendo en un cargo en la estaca. El obispo consideró a ese hermano detenidamente por unos momentos, y sintió que era la persona indicada.

"¿No creen que sería un excelente asesor del quórum de diáconos?", preguntó el obispo.

"Claro que sí", dijo uno de sus consejeros. "Sería fantástico en cualquier cargo al que lo llamara. Pero si es que la estaca le permite traerlo al barrio, ¿no cree que sería mejor llamarlo como presidente de los Hombres Jóvenes para que pudiera controlar todo el programa?"

"Hermanos", dijo el obispo, "*nosotros* somos la presidencia del Sacerdocio Aarónico de este barrio. Si alguien va a 'controlar' el programa, esos vamos a ser nosotros, pero si es que vamos a *reconstruir* el programa, tenemos que hacerlo desde su base. Me da la impresión de que eso significa comenzar con el mejor quórum de diáconos que podamos crear".

Los consejeros percibieron la sabiduría en lo que su obispo les estaba diciendo. El presidente de estaca estuvo de acuerdo en relevar a aquel hermano para que sirviera en el barrio, y en poco tiempo llegaron a contar con un excelente quórum de diáconos. Con el paso del tiempo, el éxito se extendió hacia los quórumes de maestros y de presbíteros, y cuando llegó el momento de que el obispo fuera relevado, todo poseedor del Sacerdocio Aarónico estaba pronto para servir en una misión, y el barrio tenía uno de los programas del Sacerdocio Aarónico más vigoroso de la estaca y, posiblemente, de toda la Iglesia. Esto sucedió, en parte, debido a que el obispo entendió el proceso de actuar por medio del consejo y un paso a la vez. Resulta interesante destacar que la totalidad del programa del Sacerdocio Aarónico de la estaca mejoró gracias al ejemplo de ese sobresaliente quórum de diáconos.

El líder eficiente delega

La tercera lección que presidentes, obispos, líderes de grupo y padres pueden aprender del consejo de la Creación es que nuestro Padre Celestial no hizo todo el trabajo solo, aun cuando ciertamente podría haberlo hecho. Como Dios, Él tenía toda la autoridad y poder que necesitaba para crear el mundo, y sin duda poseía la visión plena del proyecto. Sin embargo, escogió delegar responsabilidades, siempre pidiendo un informe de seguimiento para asegurarse de que las tareas se hubiesen hecho correctamente.

¿Por qué haría tal cosa, especialmente cuando le habría resultado más rápido y más eficiente hacerlo Él mismo? A mi manera de ver, una de las razones por las que lo hizo así fue para establecer un modelo que pudiésemos seguir. Al delegar un trabajo tan importante como la creación de la tierra, casi no nos dejó lugar para justificar nuestros propios sentimientos de engreimiento cuando no estamos dispuestos a delegar en nuestros llamamientos y oficios de la Iglesia.

Sé del caso de una presidenta de Sociedad de Socorro que decidió que tenía que visitar personalmente a las hermanas del barrio en el día de su cumpleaños. Después decidió que debía llevarles una tarjeta de felicitaciones, así que escribió un breve texto para cuando fuera a visitar a cada hermana. Después decidió que debía adjuntar la nota a una hogaza de pan casero fresco que ella misma hornearía. Después decidió que envolvería el pan y la tarjeta en un bonito paño que ella misma cosería. Después decidió que debía acompañar el atado con un tarro de sus conservas caseras.

Tras preparar e ir a entregar sus obsequios de cumpleaños durante varios meses, la hermana fue casi arrastrándose hasta la oficina del obispo para pedirle que la relevara. "Es demasiado trabajo", le dijo, "no hay manera de que pueda hacerlo".

No le llevó mucho tiempo al obispo llegar a la raíz del problema. "La tarjeta de cumpleaños es una buena idea", le comentó a la hermana, "pero quizás necesite algo de ayuda". El obispo le explicó que había ciertas tareas de las que solamente ella podía encargarse, pero que todas las demás podía delegarlas. En la conversación llegaron a ciertas conclusiones de cómo dar a varias hermanas la oportunidad de participar en una versión no tan complicada del proyecto de cumpleaños, permitiendo así que otras mujeres que necesitaban desesperadamente participar de ese modo pudieran hermanar y servir. Por medio de la delegación, se logró la visión de la presidenta sin agotar su tiempo y energía.

Los presidentes y los obispos deben dar su más alta prioridad y atención a aquellos asuntos que sólo ellos tienen la autoridad de manejar, dejando a cargo de otros líderes —consejeros y miembros de consejos— aquellas tareas que razonablemente las puede cumplir alguien más. Cualquier líder que se vea atrapado en un interminable despliegue de detalles corre el riesgo de debilitar la eficacia de su propio ministerio.

Existe otra razón para delegar: facultar y preparar futuros líderes. Una de las más importantes evidencias de un liderazgo eficaz es el número de hermanos y hermanas bien preparados que aguardan la oportunidad de llevar la obra adelante.

El patriarca bíblico Jetro, dio sabio consejo a su yerno, Moisés, cuando el anciano visitó a la familia de sus hijas y vio las constantes exigencias que el pueblo imponía sobre su profeta. "Lo que haces no está bien", dijo Jetro. "Desfallecerás del todo, tú, y también este pueblo que está contigo, porque la tarea es demasiado pesada para ti; no podrás hacerlo tú solo" (Éxodo 18:17–18).

Con mucho tacto, Jetro procedió a enseñarle a su yerno a delegar parte de sus responsabilidades a otras personas. Tal delegación no sólo haría las cosas más fáciles para Moisés, dijo Jetro, sino que también sería una bendición para aquellos que servían junto a él, pues lo ayudarían a llevar la carga (véase Éxodo 18:22). Cuando uno conlleva una carga personalmente, ésta se vuelve más real y más ferviente. Es difícil despertar interés en asuntos por los cuales no tenemos responsabilidad o que no pesan sobre nuestra vida de un modo significativo. El consejo de Jetro a Moisés, entonces, es también excelente para los líderes de la actualidad.

El líder eficiente da un buen ejemplo de esfuerzo personal

En el consejo de la Creación también hay lecciones para quienes sirven como consejeros: lecciones sobre la importancia de escuchar, de seguir instrucciones con cuidado y de "regresar para dar informe". Pero tal vez el principio más básico que ilustraron quienes llevaron a la práctica las instrucciones de nuestro Padre Celestial durante la Creación fue el principio que dice "Vayamos y hagamos".

Cuando Dios dio instrucciones de llevar a cabo ciertas tareas de creación, Jehová no respondió diciendo: "Veamos" o "Tratemos" o "Busquemos tiempo en nuestro ocupado programa de trabajo"; más bien respondió sencilla y decididamente: "Descendamos. . ." (Abraham 4:1). Su actitud indicó que estaba ansioso por *hacer* la voluntad de Su Padre, en vez de sólo hablar del asunto. "No puedo yo hacer nada por mí mismo", dijo el Salvador, ". . . porque no busco mi voluntad, sino la voluntad del Padre, que me envió" (Juan 5:30).

El Salvador demostró esa actitud a lo largo de toda Su vida mortal. Aun de niño Él entendió la importancia de "ir" y de "hacer". Cuando se apartó de su familia durante un viaje de Jerusalén a Nazaret, sus padres finalmente lo hallaron en el templo, "sentado en medio de los doctores de la ley, oyéndolos y preguntándoles.

"Y todos los que le oían se asombraban de su entendimiento y de sus respuestas.

"Y cuando le vieron, se maravillaron; y su madre le dijo: Hijo, ¿por qué has hecho así? He aquí, tu padre y yo te hemos buscado con angustia.

"Entonces él les dijo: ¿Por qué me buscabais? ¿No sabías que en los asuntos de mi Padre me es necesario estar?" (Lucas 2:46–49).

A lo largo de Su ministerio, Jesús enseñó a quienes le seguían sobre la importancia de *hacer*. Al final de la parábola del buen samaritano, en la cual se recalca el valor de *hacer*, por encima de creencias y promesas piadosas, el Salvador preguntó a quien le escuchaba: "¿Quién, pues, de estos tres te parece que fue el prójimo de aquel que cayó en manos de los ladrones?

"Y él dijo: El que tuvo misericordia de él. Entonces Jesús le dijo: *Ve* y *haz* tú lo mismo" (Lucas 10:36–37; cursiva agregada).

En otra ocasión, Él les recordó a quienes le seguían: "No todo el que me dice: Señor, Señor, entrará en el reino de los cielos, sino el que *hace* la voluntad de mi Padre que está en los cielos" (Mateo 7:21; cursiva agregada). Y aun mientras contemplaba el doloroso final de Su paso por la vida mortal, recalcó Su mensaje de compromiso eterno para con la voluntad de Dios con esta humilde declaración de obediencia: "Padre, si quieres, pasa de mí esta copa; pero no se haga mi voluntad, sino la tuya" (Lucas 22:42).

Nuestros profetas de los últimos días son bien conocidos por frases tales como: "Emprendamos la marcha", "Hazlo", "Hazlo ya". Hace algunos años, en la sesión del sacerdocio de una conferencia general, el presidente Thomas S. Monson dijo: "Hermanos, cualquiera sea nuestro llamamiento, más allá de nuestros temores y ansiedades, oremos y después vayamos y hagamos, teniendo presente las palabras del Maestro, el mismo Señor Jesucristo, quien prometió: 'yo estoy con vosotros todos los días, hasta el fin del mundo' (Mateo 28:20)".

Ese vigoroso deseo de "ir" y "hacer" la voluntad del Señor ha sido la característica distintiva de nuestros profetas presidentes a lo largo de toda su vida. Claro que "ir" y "hacer" no siempre es fácil ni cómodo; hay veces que requiere sacrificio de nuestra parte: de tiempo, energía o voluntad personal. Pero casi siempre vale la pena cualquier esfuerzo que hagamos, especialmente si está relacionado con seguir las instrucciones de inspirados líderes de consejo que procuran llevar almas a Cristo.

El líder eficiente enseña por medio del precepto y del ejemplo

Nadie puede poner en tela de juicio el grado de dedicación de Jesús al concepto de los consejos. En dos ocasiones en épocas antiguas Él organizó personalmente Su Iglesia en la tierra, y en ambos casos la estableció con consejos rectores. En la Tierra Santa del Nuevo Testamento, así como en la tierra prometida del Libro de Mormón, Él dedicó considerable tiempo a enseñar, instruir y capacitar a Sus consejos y a sus líderes, y después los envió a compartir con otras personas lo que habían aprendido. Aunque las circunstancias que rodearon esas dos experiencias fueron diferentes, en ambos casos hubo, por lo menos, dos semejanzas clave que manifiestan la administración ejemplar de consejos por parte del Salvador.

Primero, Él enseñó a Sus antiguos consejos con detenimiento, por medio del precepto y del ejemplo. Les dio instrucciones en cuanto a cómo orar y después oró con ellos y por ellos. Les enseñó cómo llevar a cabo el sagrado sacramento de la cena del Señor y tras ello bendijo el pan y el vino y se los dio. Les dijo cómo usar su autoridad del sacerdocio para ser una bendición en la vida de otras personas, y después usó Su propia autoridad para obrar milagros entre ellos.

Al aproximarse el fin de Su ministerio mortal, Jesús celebró la fiesta de la Pascua con Sus amados discípulos. Aun cuando se enfrentaba a los momentos culminantes del final de Su vida, llenos de dolor y sufrimiento, Su atención se centró en aquellos que lo seguían. Después de terminada la fiesta:

". . . se levantó de la cena, y se quitó su manto y, tomando una toalla, se la ciñó.

"Luego puso agua en un lebrillo, y comenzó a lavar los pies de los discípulos y a secárselos con la toalla con que estaba ceñido.

"Entonces llegó a Simón Pedro; y Pedro le dijo: Señor, ¿tú me lavas los pies?

"Respondió Jesús y le dijo: Lo que yo hago, tú no lo entiendes ahora; pero lo entenderás después.

"Pedro le dijo: No me lavarás los pies jamás. Le respondió Jesús: Si no te lavo, no tendrás parte conmigo.

"Le dijo Simón Pedro: Señor, no sólo mis pies, sino también las manos y la cabeza. . .

"Así que, después que les hubo lavado los pies, tomó su manto, volvió a sentarse a la mesa y les dijo: ¿Sabéis lo que os he hecho?

"Vosotros me llamáis Maestro y Señor; y decís bien, porque lo soy.

"Pues si yo, el Señor y el Maestro, he lavado vuestros pies, vosotros también debéis lavaros los pies los unos a los otros.

"Porque ejemplo os he dado, para que así como yo os he hecho, vosotros también hagáis.

"De cierto, de cierto os digo: El siervo no es mayor que su señor; ni el enviado es mayor que el que le envió.

"Si sabéis estas cosas, bienaventurados sois si las hacéis" (Juan 13:4–9, 12–17).

¡Ah, si todos los líderes de consejo llegaran a entender el valor de servirse los unos a los otros como se enseña en este poderoso ejemplo del Salvador!

El líder eficiente sirve con amor

Segundo, Él amó a aquellos con quienes sirvió en consejo. "Como el Padre me ha amado, así también yo os he amado", les dijo a Sus apóstoles (Juan 15:9). Después agregó: "Éste es mi mandamiento: Que os améis los unos a los otros como yo os he amado" (Juan 15:12).

"Un mandamiento nuevo os doy: Que os améis unos a otros; como yo os he amado, que también os améis los unos a los otros. En esto conocerán todos que sois mis discípulos, si tenéis amor los unos por los otros" (Juan 13:34–35).

Es de vital importancia que todos cuantos servimos juntos en el reino de Dios lo hagamos sobre los cimientos del amor: amor por el Señor, amor por la obra y amor los unos por los otros. No importa cuán intensos sean nuestros esfuerzos ni cuán meticulosamente sigamos el contenido de los manuales y de las pautas, si no amamos de verdad a los demás, de ninguna manera podemos esperar ofrecer el poder pleno del Evangelio de amor. Y no puedo menos que creer que los miembros son más propensos a buscar el conejo de líderes de quienes sienten que emana un amor sincero. Los milagros parecen seguir a los líderes de la Iglesia que se sienten motivados por un profundo sentimiento de amorosa devoción hacia aquellas personas a quienes presiden.

En mis viajes por toda la Iglesia, he notado que cada congregación de estaca tiende a reflejar las actitudes y relaciones de sus líderes. Cuando percibo un espíritu de amorosa hermandad y cooperación entre los miembros de la presidencia de estaca, ese mismo espíritu parece inevitablemente ponerse de manifiesto en toda reunión de estaca a la que asisto. Lamentablemente, también hay casos en los que sucede exactamente lo opuesto.

"Amados", escribió el apóstol Juan, "amémonos unos a otros, porque el amor es de Dios. Todo aquel que ama ha nacido de Dios y conoce a Dios.

"El que no ama, no conoce a Dios, porque Dios es amor.

"En esto se mostró el amor de Dios para con nosotros: en que Dios envió a su Hijo unigénito al mundo para que vivamos por medio de él.

"En esto consiste el amor: no en que nosotros hayamos amado a Dios, sino en que él nos amó a nosotros, y envió a su Hijo en propiciación por nuestros pecados.

"Amados, si Dios así nos ha amado, también nosotros debemos amarnos unos a otros" (1 Juan 4:7–11).

Un barrio con el que estoy muy familiarizado experimentó un imponente aumento en la asistencia de miembros menos activos cuando un nuevo obispo empezó a dedicar diez minutos de cada reunión de consejo para referirse a formas en que los miembros del consejo podían extender una mano a quienes estuvieran necesitados: espiritual y temporalmente. Bajo la dirección de ese calmo y compasivo obispo, se hicieron asignaciones de hermanamiento, combinando personas con intereses comunes. Durante un período de tres años, al mostrar los miembros del consejo amor y consideración por aquellos con quienes trabajaban, se logró reactivar a casi una docena de familias.

La gran diferencia

Así es que, desde el comienzo mismo, "de tal manera amó Dios al mundo que ha dado a su Hijo Unigénito, para que todo aquel que en él cree no se pierda, mas tenga vida eterna" (Juan 3:16). De aquellos consejos de la vida premortal surgió la oportunidad de que viniéramos a la tierra a procurar nuestra propia salvación por medio de la gracia y del amor del Señor Jesucristo.

Con el amor de Cristo que emana de todos los consejos de la Iglesia y que se extiende por todo un quórum, organización auxiliar, barrio y estaca, se puede marcar una gran diferencia en nuestra vida y en la de los miembros de nuestra familia, así como entre todos los hijos de nuestro Padre Celestial. El lograrlo, después de todo, es la gran misión de los consejos de la Iglesia, que tienen como ejemplo los consejos celestiales que vimos y experimentamos en nuestra vida premortal.

CAPÍTULO 2

LOS CONSEJOS GENERALES DE LA IGLESIA

A fines de junio de 1829, se produjo una importante transición en la historia de la restauración del evangelio de Jesucristo. Ya terminada la traducción del Libro de Mormón, José Smith invitó a su familia a reunirse con él en la casa de Peter Whitmer en Fayette, Nueva York, donde leerían por primera vez la obra que había consumido todo su tiempo y energía durante muchos meses.

Apenas llegaron a Fayette, un pequeño grupo formado por José, sus padres, Martin Harris, Oliver Cowdery y David Whitmer, comenzó a leer el manuscrito. "Nos regocijamos sobremanera", escribió sobre la ocasión Lucy Mack Smith, la madre de José. "Nos pareció, entonces, a quienes no comprendíamos la magnitud de aquello, que la mayor dificultad ya se había superado" (Smith, *History of Joseph Smith by His Mother*, pág. 151).

Aun cuando José apenas comenzaba el largo y arduo proceso de la Restauración, ya tenía necesidad de ayuda. A pesar de que muchos le creían y apoyaban su trabajo, algunas veces corriendo grandes riesgos y gastos, no se había llamado a nadie para compartir la carga de la enorme responsabilidad que le había sido impuesta. Durante los nueve años anteriores él había trabajado casi solo, tanto en sus tareas como en el logro de su testimonio.

Habrá sido, entonces, con gozosa anticipación, que José se

dirigió a Martin Harris durante el servicio devocional matutino del grupo después de su llegada a Fayette, y le dijo: "Martin Harris, tiene que mostrar humildad ante Dios en este día, a fin de obtener el perdón de sus pecados. Si lo hace, es la voluntad de Dios que llegue a ver las planchas, junto a Oliver Cowdery y David Whitmer".

Lucy Mack Smith, quien estaba presente en esa ocasión, dijo que José habló aquellas palabras con una solemnidad tal, que el sólo recordarlas la hacía sentir escalofríos.

Según lo revelado, el Señor le mandó a José extender a Martin Harris, a Oliver Cowdery y a David Whitmer el llamamiento de servir como testigos especiales del Libro de Mormón,

". . . para que mi siervo José Smith, hijo, no sea destruido, para que en esta obra realice yo mis propósitos justos para con los hijos de los hombres.

"Y testificaréis de haberlas visto [las planchas de oro], así como mi siervo José Smith, hijo, las vio; porque es por mi poder que él las ha visto, y porque tenía fe.

"Y ha traducido el libro, sí, la parte que le he mandado; y vive vuestro Señor y vuestro Dios, que es verdadero.

"Por tanto, habéis recibido el mismo poder, la misma fe y el mismo don que él;

"y si cumplís estos últimos mandamientos míos que os he dado, las puertas del infierno no prevalecerán en contra de vosotros; porque mi gracia os es suficiente y seréis enaltecidos en el postrer día.

"Y yo, Jesucristo, vuestro Señor y Dios, os lo he hablado, a fin de realizar mis propósitos justos para con los hijos de los hombres. Amén" (D. y C. 17:4–9).

Pocos días después de extender el llamamiento como testigos, los cuatro hombres se retiraron a una arboleda cercana para recibir la prometida revelación. Más tarde ese mismo día regresaron al hogar de la familia Whitmer, donde José declaró: "Padre, madre, no saben cuán feliz estoy; el Señor ha hecho que las planchas fueran vistas por otros tres hombres. Ellos han visto a un ángel que les testificó, y ahora ellos tendrán que dar testimonio de la veracidad de lo que yo he dicho, pues ahora saben por sí mismos que yo no estoy engañando a la gente. Me siento cual si se me hubiera quitado de encima un yugo que era demasiado pesado para mí, y se regocija mi alma al saber que ya no estaré completamente solo en el mundo" (Smith, *History of Joseph Smith by His Mother*, pág. 152). Menos de un año más tarde, La Iglesia de Jesucristo de los Santos de los Últimos Días se organizó oficialmente con José Smith como "el primer élder de esta iglesia" y Oliver Cowdery como "el segundo élder de esta iglesia" (D. y C. 20:2, 3). Al mismo tiempo, el Señor reveló Sus instrucciones a los apóstoles, élderes, presbíteros, maestros, diáconos, y miembros de la Iglesia, dando a conocer deberes y responsabilidades específicos para cada uno de ellos al aceptar sus mayordomías en el ministerio de José Smith. Finalmente la Iglesia fue organizada con quórumes y consejos, llamándose a varias presidencias "para administrar en las cosas espirituales" (D. y C. 107:8).

De acuerdo con la revelación, "las decisiones de estos quórumes . . . se deben tomar con toda rectitud, con santidad y humildad de corazón, mansedumbre y longanimidad, y con fe, y virtud, y conocimiento, templanza, paciencia, piedad, cariño fraternal y caridad; porque existe la promesa de que si abundan estas cosas en ellos, no serán sin fruto en cuanto al conocimiento del Señor" (D. y C. 107: 30–31).

"Por tanto", continuó el Señor, "aprenda todo varón su deber, así como a obrar con toda diligencia en el oficio al cual fuere nombrado. El que sea perezoso no será considerado digno de permanecer, y quien no aprenda su deber y no se presente aprobado, no será considerado digno de permanecer" (D. y C. 107:99–100).

LOS CONSEJOS GENERALES DE LA IGLESIA

Habiendo sufrido la soledad espiritual de los primeros años de su ministerio y tras haber sido instruido por el Señor, José Smith cobró un profundo agradecimiento por la importante labor de los consejos de la Iglesia de Jesucristo. Poco después de haberse organizado el primer sumo consejo, el Profeta escribió: "Impuse las manos a los doce miembros del sumo consejo y mandé que descansara sobre ellos una bendición, a fin de que gozaran de sabiduría y poder para deliberar en rectitud en cuanto a todos los asuntos que se presentasen ante ellos. También rogué que fueran librados de aquellas maldades a las que más estaban expuestos y que sus vidas se prolongaran en la tierra. . .

"Después conferí a los presidentes ayudantes la solemne responsabilidad de cumplir con su deber en rectitud y en temor a Dios; también di esa responsabilidad a los doce miembros del sumo consejo, todo ello en el nombre de Jesucristo.

"Todos levantamos las manos hacia el cielo como muestra del convenio sempiterno, y el Señor nos bendijo con Su Espíritu. Después declaré el consejo organizado de acuerdo con el antiguo orden y también según la voluntad del Señor" (*History of the Church*, 2:32–33).

Pese a estar comprometidos en el servicio de Dios, a los seguidores de José Smith de vez en cuando les resultaba difícil asimilar el concepto de consejo. El Profeta escribió:

"En un consejo de los sumos sacerdotes y los élderes . . . llevado a cabo en mi casa, en Kirtland, en la noche del 12 de febrero de 1834, declaré que yo debía explicar ante el consejo la dignidad del oficio que se me había conferido por medio de la ministración del ángel de Dios, por Su misma voz, y por la voz de esta Iglesia; que nunca había explicado a consejo alguno en el orden en que se debía llevar a cabo, lo cual, tal vez, haya privado a los consejos de algunas o de muchas bendiciones.

"Y continué diciendo que ningún hombre está capacitado para juzgar sobre un asunto que se trate en un consejo, a menos que su propio corazón sea puro; y que a menudo estamos tan llenos de prejuicios, o tenemos tal viga en nuestro propio ojo, que no estamos en condiciones de tomar las debidas decisiones.

"Pero volviendo al tema del orden, en la antigüedad los consejos se llevaban a cabo con tan estricto decoro, que a nadie se le permitía susurrar, demostrar desdén, inquietud ni salir del lugar, hasta tanto no se obtuviera una respuesta del Señor por revelación, o del consejo por medio del Espíritu, lo cual no se ha observado en esta Iglesia hasta el presente. Se daba por entendido en los días antiguos que si un hombre podía permanecer en la reunión, también podían los demás, y si el presidente podía dedicar su tiempo, también podían hacerlo los miembros; pero en nuestros consejos, generalmente, uno estará inquieto, otro se dormirá; uno orará y otros no; la mente de uno estará en lo que esté tratando el consejo, mientras que otra persona estará pensando en hacer algo diferente.

"Nuestros hechos son registrados y en un día futuro serán presentados ante nosotros, y si no juzgamos acertadamente o si lastimamos a nuestros semejantes, es posible que ellos, ahí mismo, nos condenen. Estas cosas son de gran consecuencia, de una consecuencia mucho mayor de lo que yo pueda expresar en palabras. Preguntaos, hermanos, cuánto tiempo habéis dedicado a orar desde que escuchasteis sobre este consejo, y si estáis ahora preparados para reuniros en consejo para tratar sobre el alma de vuestro hermano" (*History of the Church*, 2:25–26).

Casi exactamente un año después, el Señor reveló información adicional a José Smith sobre cómo el gobierno de los consejos podría llegar a aliviar parte de las presiones que pesaban sobre él como líder de la Iglesia:

"El 8 de febrero del año de nuestro Señor, 1835, siendo éste el día de reposo, el profeta José Smith llamó a los élderes Brigham y Joseph Young a reunirse con él en la sala de su residencia en Kirtland, Ohio. Tras darles algunos antecedentes, pasó a relatar a estos hermanos una visión del estado y de la condición de los hombres que murieron en el Campo de Sión, en Misuri. Les dijo: 'Hermanos, he visto a esos hombres que han muerto de cólera en nuestro campamento; y sabe el Señor que si yo recibo una mansión tan refulgente como la de ellos, no pido nada más'. El Profeta lloró durante esa revelación, y por cierto tiempo no pudo siquiera hablar. Cuando hubo desahogado sus sentimientos al describir la visión, retomó la conversación y se dirigió al hermano Brigham Young, a quien le dijo: 'Quisiera que notificara a todos los hermanos que viven en las ramas, dentro de una distancia razonable de este lugar, que se reúnan en una conferencia general el próximo sábado. En esa ocasión habré de llamar a doce testigos especiales para abrir las puertas del Evangelio a las naciones del extranjero, y usted', dijo (hablándole a Brigham Young), 'será uno de ellos'. Después pasó a referirse con más amplitud a los deberes de su llamamiento. El interés que entonces originó ese anuncio, produjo en la mente de los élderes presentes una gran sensación y muchas reflexiones al haber informado con anterioridad al hermano Brigham Young que él sería uno de los testigos, pero sin decir nada a Joseph, hasta que hubo expresado muchos de sus sentimientos en cuanto a los Doce, lo cual llevó un poco de tiempo. Entonces se dirigió al élder Joseph Young con notoria formalidad, como si la visión se extendiera aún más, y le dijo: 'Hermano Joseph, el Señor lo ha hecho Presidente de los Setenta'. Habían oído de Moisés y de los setenta élderes de Israel, y que Jesús había llamado a 'otros setentas', pero nunca habían oído antes del llamamiento de Doce Apóstoles y de Setentas en la Iglesia. Sonaba extraño aquello de que 'el Señor le ha hecho Presidente de los Setenta', como si ya hubiera tenido lugar, lo cual hizo que esos hermanos se maravillaran. El Profeta no dijo que se llamaría a otros para que fueran portadores del mensaje en el extranjero, pero es posible que eso haya quedado sobreentendido por las palabras que usó en ese momento. Al aceptar el élder Young lo que se le había pedido, se notificó a todas las ramas y el siguiente sábado 14 de febrero se llevó a cabo en Kirtland, en la nueva escuela, en la planta baja de la imprenta, una conferencia general con todos los hermanos, reunión en la cual los Doce fueron llamados y ordenados, tras lo cual la conferencia quedó en receso por dos semanas" (Joseph Young, padre, "History of the Organization of the Seventies" [1878], 1–2; citado en *History of the Church*, 2:181).

Los consejos generales de la Iglesia

A lo largo de los años, las formas y los métodos de gobierno y administración de la Iglesia se han ajustado a fin de satisfacer las necesidades cambiantes de las épocas. Sin embargo, siempre se han caracterizado por su apego a la solidaridad y fortaleza de los consejos. El presidente Stephen L Richards dijo en 1953:

"No sé si sería posible que organización alguna tuviera éxito en la Iglesia . . . sin adoptar la virtud más extraordinaria de nuestro gobierno eclesiástico. "¿A qué me refiero?, considero que dicha virtud tan extraordinaria es administrar por medio de *consejos*. El Consejo de la Primera Presidencia, el Consejo de los Doce, el consejo de la presidencia de estaca, o quórum, si preferimos emplear ese término, el consejo del obispado, y el quórum [o] consejo de la presidencia de quórum. Mi experiencia me permite reconocer el valor de los consejos. Rara vez transcurre un día en que no dé testimonio de la sabiduría de Dios, al crear consejos . . . para gobernar Su reino. En el espíritu dentro del cual obramos, se reúnen hombres que poseen puntos de vista aparentemente divergentes y antecedentes diametralmente distintos, y bajo la influencia de ese espíritu, aconsejándose mutuamente, llegan a un acuerdo, y ese acuerdo . . . representa la sabiduría del consejo, actuando bajo el Espíritu" (En Conference Report, octubre de 1953, pág. 86; cursiva en el original).

Tal como en la época de José Smith, hoy el consejo rector de La Iglesia de Jesucristo de los Santos de los Últimos Días es la Primera Presidencia. Éste consiste del Presidente de la Iglesia y sus dos consejeros. Obedeciendo el mandato de las Escrituras, "las llaves del reino . . . siempre corresponden a la presidencia del sumo sacerdocio" (D. y C. 81:2). Los miembros de este consejo son sostenidos por la totalidad del cuerpo de la Iglesia como "profetas, videntes y reveladores", a quienes se concede "recibir los oráculos para toda la iglesia" (D. y C. 124:126), teniendo "el derecho de oficiar en todos los oficios de la iglesia" (D. y C. 107:9).

Durante mi tiempo de servicio en el Quórum de los Doce Apóstoles, he tenido el privilegio de observar a la Primera Presidencia funcionar en una amplia variedad de situaciones y circunstancias. Aun cuando siempre me ha impresionado el vigor y la capacidad individuales de los hombres que forman parte de la Presidencia, me he sentido inspirado hasta el punto de quedarme maravillado ante el modo extraordinario en que desempeñan su labor como un consejo ejemplar y siguen haciéndolo aun cuando no todos los miembros del consejo estén en condiciones plenas de funcionar.

Después de la Primera Presidencia, en lo que se refiere a línea de autoridad, está el Quórum de los Doce Apóstoles, el consejo al cual yo pertenezco. De acuerdo con las Escrituras, los apóstoles son llamados para ser "testigos especiales" del nombre de Cristo (D. y C. 27:12) con la misión específica de "declarar [Su] evangelio, tanto a los gentiles como a los judíos" (D. y C. 18:26). Como consejo, "constituyen un quórum, igual en autoridad y poder" a la Primera Presidencia (D. y C. 107:24). Como lo explicó el presidente Joseph Fielding Smith, esto significa que los Doce "tienen poder para asumir el control de los asuntos de la Iglesia cuando la Presidencia quede acéfala por el fallecimiento del Presidente" (*Doctrina de Salvación* 1:243). Ciertamente que cuando el presidente de la Iglesia muere, la Primera Presidencia queda de inmediato disuelta, los consejeros del presidente vuelven a ocupar sus respectivos lugares en el Quórum de los Doce Apóstoles, y dicho quórum preside la Iglesia hasta que se asigna un nuevo presidente. Durante los años que he servido en el Quórum de los Doce, he participado cuatro veces en ese proceso, siendo testigo de la formación de una nueva Primera Presidencia bajo la autoridad de cuatro profetas diferentes: Ezra Taft Benson, Howard W. Hunter, Gordon B. Hinckley y Thomas S. Monson. Excepto por breves períodos interinos tras el fallecimiento de un presidente de la Iglesia, el Quórum de los Doce funciona dentro de su mayordomía sagrada de "enseñar, exponer, exhortar, bautizar y velar por la iglesia" (D. y C. 20:42).

La redacción y publicación hace algunos años de "La Familia: Una Proclamación para el Mundo", es un buen ejemplo de cómo funciona el proceso de los consejos. En el curso de nuestras reuniones generales, el concepto de la proclamación fue acordado por la Primera Presidencia y el Quórum de los Doce Apóstoles debido a la gran necesidad que existe en la Iglesia así como en todo el mundo de entender la función divinamente ordenada del hogar y de la familia. El Quórum de los Doce Apóstoles lo compone un diversificado grupo de hombres dotados de extraordinaria capacidad espiritual, así que nos amparamos en todas esas destrezas y sensibilidad individual al redactar el documento. Requirió numerosas revisiones y ajustes, todo lo cual se realizó en nuestras reuniones de consejo, antes de que la Primera Presidencia lo aprobara para ser enviado a todo el mundo. Todo miembro de la Iglesia debería leer y entender esta tan importante proclamación.

Reconocemos que no es para nada insignificante para el mundo recibir tal proclamación y advertencia de la Primera Presidencia y del Quórum de los Doce Apóstoles. Nuestra tarea se cumplió gracias a la diversidad de antecedentes, destrezas y dones espirituales de los miembros del quórum y al valernos del inspirado programa de consejos establecido por el Señor.

Refiriéndose tanto a la Primera Presidencia como al Quórum de los Doce, el Señor dijo que "Las decisiones de estos quórumes, o cualquiera de ellos, se deben tomar con toda rectitud, con santidad y humildad de corazón, mansedumbre y longanimidad, y con fe, y virtud, y conocimiento, templanza, paciencia, piedad, cariño fraternal y caridad; porque existe la promesa de que si abundan estas cosas en ellos, no serán sin fruto en cuanto al conocimiento del Señor" (D. y C. 107:30–31).

Ésa es una promesa de vital importancia para todos cuantos sirven en estos importantes consejos de la Iglesia.

El élder Rulon G. Craven, ex miembro del Segundo Quórum de los Setenta, describió en una ocasión el proceso de la toma de decisiones que se sigue en las reuniones del Quórum de los Doce Apóstoles:

"Como Secretario Ejecutivo del Quórum de los Doce, he tenido el privilegio de estar presente en algunos de los principales consejos de la Iglesia y de ser testigo del proceso de comunicación que tiene lugar al tratarse importantes asuntos eclesiásticos. Gracias a tales experiencias, he visto que las deliberaciones se efectúan bajo la influencia del Espíritu. Me consta que la rectitud de las personas que forman parte de esos consejos contribuye enormemente al grado de inspiración y eficacia de tales reuniones.

"Me ha parecido interesante observar a las Autoridades Generales trabajar basándose en un nutrido temario, y verles tratar cada asunto con suma eficiencia. He notado que cada una de las Autoridades está interesada, no tanto en expresar su propio punto de vista, sino en escuchar la opinión de los demás y en contribuir al clima que debe prevalecer en las reuniones de consejo. Son sensibles a las ideas de los demás y rara vez interrumpen a quien está haciendo uso de la palabra. Durante las deliberaciones no tratan de forzar sus propias ideas, sino que prefieren determinar, en base al intercambio, qué es lo mejor para el reino.

"Quisiera compartir una experiencia típica de una reunión del Quórum de los Doce. Siempre se ajustan a una agenda. Cada miembro de los Doce recibe una copia de la misma la noche antes de la reunión a fin de tener la oportunidad de leer y considerar cada uno de los puntos que se habrán de tratar. Cuando se reúnen, generalmente intercambian expresiones de afecto y respeto. Tras una oración de apertura, en la cual se pide la presencia del Espíritu en la reunión, el Presidente de los Doce menciona uno por uno los puntos de la agenda. Es posible que haga algún breve comentario preliminar que considere necesario tocante a cada punto, y después presenta el asunto o pide a uno de los Doce que lo haga para que se analice.

"Las Autoridades Generales expresan sus ideas y sentimientos. Son hombres de sólidas convicciones y de notable experiencia, hombres de gran capacidad analítica que hablan según se sientan inspirados a hacerlo. Se esfuerzan por percibir las manifestaciones del Espíritu concernientes a los asuntos que estén tratando, lo cual puede resultar en un cambio personal de parecer y de sentir a fin de estar en armonía con la totalidad del consejo. Cuando el Presidente de los Doce percibe que se llega a un consenso de opinión en un punto particular de la agenda, tal vez pedirá una recomendación, o quizás uno de los Doce presentará una. La recomendación resume en forma extraordinaria el sentir de la totalidad del consejo. Entonces el Presidente dice: 'Tenemos ante nosotros una recomendación. ¿Es necesario dar consideración adicional al asunto?'. Entonces, cada uno de los Doce tendrá otra vez la oportunidad de expresarse. En tal caso, no repiten lo que ya se haya dicho, de hecho, son excepcionalmente breves, a fin de dar cabida a todos los puntos de vista del consejo. Después de que hayan hablado todos cuantos hubieran tenido el deseo de hacerlo, es posible que la recomendación se modifique, tras lo cual uno de los Doce la presentará en forma de moción y otro la respaldará. Entonces el Presidente de los Doce solicita el voto del quórum, y así los Doce toman decisiones en armonía, unidad y fe, con el juicio combinado de cada miembro y en acuerdo con el Espíritu" (*Called to the Work*, págs. 111–113).

Tal como lo explicó el presidente Gordon B. Hinckley, es por medio de las reuniones del consejo de la Primera Presidencia y del Quórum de los Doce Apóstoles que se llevan a cabo todas las semanas en el Templo de Salt Lake, que la Iglesia es gobernada por revelación:

"Todas las preguntas importantes sobre normas, procedimientos, programas o doctrina, la Primera Presidencia y los Doce las consideran conjuntamente en forma detenida y por medio de oración. Estos dos quórumes, el Quórum de la Primera Presidencia y el Quórum de los Doce, reunidos juntamente, consideran todas esas preguntas, dando a todos los presentes la más absoluta libertad de expresar su parecer.

"Y ahora cito . . . las palabras del Señor: 'Y toda decisión que tome cualquiera de estos quórumes se hará por la voz unánime del quórum; es decir, todos los miembros de cada uno de los quórumes tienen que llegar a un acuerdo en cuanto a sus decisiones, a fin de que éstas tengan el mismo poder y validez entre sí' (D. y C. 107:27).

"Ninguna decisión surge de las deliberaciones de la Primera Presidencia y de los Doce sin que haya unanimidad entre todos aquellos a quienes concierna. Al iniciarse la consideración de diferentes asuntos, es posible que haya diferencias de opinión, lo cual es natural. Estos hombres son el producto de variados antecedentes, son hombres que piensan por sí mismos; pero antes de alcanzar una decisión final, se logra unanimidad de criterio y de expresión...

"Yo añado en forma de testimonio personal que durante los veinte años que he servido como miembro del Consejo de los Doce y a lo largo de los... años que he integrado la Primera Presidencia, jamás se ha adoptado una decisión de importancia sin que se observara este procedimiento. He sido testigo de opiniones divergentes presentadas en estas deliberaciones. Por medio de este proceso de hombres que se expresan sin inhibición, se ha logrado la purificación de ideas y conceptos, pero nunca he observado desacuerdos serios ni enemistad personal entre mis hermanos. Por el contrario, he podido ver algo hermoso y extraordinario: el esfuerzo por unificar criterios bajo la guía del Espíritu Santo y bajo el poder de la revelación, hasta alcanzar una armonía total y un acuerdo absoluto. Únicamente después de eso es que se adopta una decisión. Testifico que se trata del espíritu de revelación puesto de manifiesto una y otra vez en la dirección de la obra del Señor ("God Is at the Helm", *Ensign*, mayo de 1994, págs. 54, 59).

Existen otros ejemplos de quórumes y consejos que tienen jurisdicción sobre toda la Iglesia: la Presidencia de los Setenta, los Quórumes de Setenta, el Obispado Presidente, las presidencias generales de las organizaciones auxiliares (la Sociedad de Socorro, las Mujeres Jóvenes, los Hombres Jóvenes, la Escuela Dominical y la Primaria) y sus respectivas mesas directivas. Hay también una gran variedad de comités que funcionan como consejos bajo la dirección de Autoridades Generales al administrar áreas específicas de responsabilidad. Aun cuando las asignaciones particulares y los respectivos aspectos de enfoque puedan variar de tanto en tanto, es absolutamente esencial aplicar el concepto de los consejos en la debida manera a fin de que resulten eficaces en el plan general del Evangelio.

Otros consejos similares funcionan por todo el mundo en las áreas, las estacas, las misiones, los distritos, los barrios y las ramas de la Iglesia. Estudiaremos tales consejos en mayor detalle en capítulos posteriores, pero hay un tema de gran importancia que es necesario considerar debido a su aplicación trascendental en muchos consejos eclesiásticos.

La función de la mujer en los consejos de la Iglesia

Al considerar los diferentes consejos y comités que existen en la totalidad de la organización de la Iglesia, se puede apreciar que todos ellos son dirigidos por el sacerdocio, y hay una buena razón para ello. Como lo dijo en una ocasión el presidente John Taylor, el sacerdocio es "el gobierno de Dios, tanto en la tierra como en los cielos, ya que es por ese poder, medio o principio que se gobiernan todas las cosas en la tierra y en los cielos, y es por ese poder que se sostienen todas las cosas. Gobierna todas las cosas, dirige todas las cosas, sostiene todas las cosas y tiene que ver con todas las cosas relacionadas con Dios y con la verdad" (*Millenial Star*, 1 de noviembre de 1847, pág. 321; citado en Taylor, *Gospel Kingdom*, pág. 129).

Al mismo tiempo, todos los que poseen la autoridad del sacerdocio deben recordar que "los derechos del sacerdocio están inseparablemente unidos a los poderes del cielo, y que éstos no pueden ser gobernados ni manejados sino conforme a los principios de la rectitud" (D. y C. 121:36).

Y ¿cuáles son esos "principios de rectitud" por medio de los cuales uno puede controlar —o al menos usar— "los poderes del cielo"? El Señor le enseñó a José Smith que el poder o la influencia del sacerdocio se mantiene a través de rasgos de carácter tales como "persuasión . . . longanimidad, benignidad, mansedumbre y . . . amor sincero . . . bondad y . . . conocimiento puro, lo cual ennoblecerá grandemente el alma sin hipocresía y sin malicia" (D. y C. 121: 41–42). Al considerar los rasgos y las características por medio de los cuales Dios faculta a Su pueblo, considero que son compatibles con los delicados atributos que forman parte de la rica tradición de espiritualidad, benignidad, mansedumbre, amor y bondad, tan evidentes en muchas de las mujeres de la Iglesia. También sé que existe mucha persuasión, longanimidad y conocimiento puro, así como poca hipocresía y malicia entre las hermanas que típicamente sirven en los consejos a los que son asignadas, tanto a nivel general como de las unidades.

En un discurso pronunciado ante Representantes Regionales en 1989, el élder Marvin J. Ashton, miembro del Quórum de los Doce Apóstoles, dijo:

"Reconocemos la magnitud y las virtudes de la dedicada labor realizada por las organizaciones auxiliares, especialmente aquellas que encabezan las hermanas: la Primaria, las Mujeres Jóvenes y la Sociedad de Socorro. A medida que tanto los quórumes como las organizaciones auxiliares se ven fortalecidos y empiezan a cumplir con sus responsabilidades en el logro de la misión de la Iglesia, la carga tan pesada que actualmente descansa sobre los obispos, en muchos aspectos se verá aliviada. . . No somos ajenos a la gran contribución de las mujeres de la Iglesia. El aporte de nuestras maravillosas hermanas es vital... Es de extrema importancia que los consejos y los comités de estaca y de barrio presten constante atención a los asuntos que incumben a la familia, a la mujer, a la juventud y a los niños. Dichos asuntos deben ser un componente regular de las agendas de esas reuniones, y las mujeres líderes deben tomar parte en las deliberaciones. Nuestras hermanas son compañeras en el liderazgo y su contribución permite que todos los miembros reciban los beneficios de la Iglesia, así como la atención, el desarrollo y la protección que ésta proporciona. Tengan a bien no pasar por alto la gran fortaleza que proviene de nuestras hermanas" (discurso pronunciado en el Seminario para Representantes Regionales, el 31 de marzo de 1989, pág. 2).

Veamos también la siguiente declaración del presidente Gordon B. Hinckley:

"Qué enorme fuente de recursos son las mujeres de La Iglesia de Jesucristo de los Santos de los Últimos Días. Ustedes aman esta Iglesia, aceptan su doctrina, honran el lugar que ocupan en su organización y traen brillo, fuerza y belleza a sus congregaciones. Cuán agradecidos estamos a todas ustedes; cuánto las amamos, respetamos y honramos...

"Ustedes aportan una buena medida de integridad y son poseedoras de gran fortaleza. Provistas de dignidad y tremendas aptitudes, llevan adelante los excelentes programas de la Sociedad de Socorro, de las Mujeres Jóvenes y de la Primaria y enseñan en la Escuela Dominical. Caminamos junto a ustedes como compañeros y hermanos con respeto y amor, con honor y admiración. Fue el Señor quien determinó que el hombre poseyera el sacerdocio en Su Iglesia, y fue también Él quien les dio a ustedes la capacidad de complementar esta grande y maravillosa organización que es la Iglesia y reino de Dios. Doy testimonio ante el mundo entero del valor que ustedes tienen, de su gracia y bondad, de sus aptitudes extraordinarias y de sus magníficas contribuciones" ("Women of the Church", pág. 70).

Esta sabia declaración conlleva el espíritu del papel de las mujeres al participar ellas en los consejos de estaca y barrio de la Iglesia. Se necesitan testimonios más firmes y compromisos más profundos y las hermanas líderes pueden colaborar con el sacerdocio en la tarea de hallar soluciones, enseñar, fortalecer y preparar madres, jovencitas y niños para tener mayor amor y más dedicación hacia el Señor Jesucristo y Su Iglesia.

Por consiguiente, quisiera exhortar a los hermanos del sacerdocio que presiden consejos de barrio y de estaca a que hagan buen uso del gran poder, perspicacia y sabiduría que las mujeres traen consigo a tales reuniones de consejo. Nuestras hermanas pueden contribuir gran poder y fe, atributos por medio de los cuales "los mundos fueron formados por la palabra de Dios" (Hebreos 11:3). Ellas pueden aportar el poder de la pureza a través del cual "seamos purificados así como [el Señor] es puro" (Moroni 7:48), y también poseen generalmente el poder del amor, eso que el apóstol Pablo llamó caridad, la mayor de todas las virtudes divinas (véase 1 Corintios 13:13). Hombre de poca visión es el líder del sacerdocio que no llega a percibir el valor de pedir a las hermanas que compartan el entendimiento y la inspiración que poseen.

Una líder de una organización general auxiliar me habló de una magnífica experiencia que había tenido con su obispo mientras servía como presidenta de la Sociedad de Socorro de su barrio. "Había estado en mi cargo por un breve período de tiempo cuando se llamó a ese nuevo obispo", me comentó. "Una de las primeras cosas que hizo después de ser ordenado y apartado a su nuevo llamamiento fue pedirme que fuera a su oficina a hablar con él. Me dijo: 'Quiero que sepa que me resultará imposible cumplir con mi llamamiento y con mis responsabilidades ante el Señor sin su ayuda.

Quiero que me haga saber las inquietudes de las hermanas, y deseo que sepa que cuando usted venga a las reuniones de consejo de barrio, prestaremos atención a cualquier cosa que usted tenga para decirnos'. Aquellas palabras hicieron que cobrara un respeto mucho más grande por mi llamamiento pues sabía que se me necesitaba".

Por cierto que *sí* se necesita a las hermanas de la Iglesia. Ya sea que tenga dieciocho u ochenta años de edad, que sea casada o soltera, que hable inglés o portugués, que viva en una isla o en una montaña, que tenga niños o que sencillamente ame a los niños aunque no tenga ninguno propio, que tenga un título universitario o poca educación formal, que tenga un marido que no sea activo o que esté casada con un presidente de estaca, cada hermana tiene un lugar entre nosotros. Usted y sus talentos, destrezas y conocimiento son plenamente necesarios en la Iglesia. Tal como lo declaró Eliza R. Snow, la segunda Presidenta General de la Sociedad de Socorro: "No hay hermana que esté tan aislada o que carezca de tanta visión como para no poder hacer mucho en pos de la edificación del reino de Dios en la tierra" (discurso pronunciado en una reunión de la Sociedad de Socorro el 14 de agosto de 1873, citado en *Woman's Exponent*, el 15 de septiembre de 1873, pág. 62).

Nuestro Padre Celestial ama a todos Sus hijos por igual, de un modo perfecto e infinito. No hay ninguna diferencia entre el amor que siente por Sus hijas y por Sus hijos. Nuestro Salvador, el Señor Jesucristo, también ama a los hombres y a las mujeres por igual. Su expiación y Su evangelio son para todos los hijos de Dios. Durante Su ministerio terrenal, Jesús sirvió al hombre y a la mujer sin distinción; sanó tanto a hombres como a mujeres y enseñó igualmente al hombre y a la mujer.

El evangelio de Jesucristo santifica tanto al hombre como a la mujer de la misma forma y al amparo de idénticos principios. Por ejemplo, los principios de la fe y el arrepentimiento, la ordenanza del bautismo y el don del Espíritu Santo se aplican de la misma manera a todos los hijos de Dios, independientemente de su género. Lo mismo sucede con los convenios y las bendiciones del templo; tanto el hombre como la mujer deben recibir todas las ordenanzas de salvación. La obra y la gloria de nuestro Padre Celestial es llevar a cabo la inmortalidad y la vida eterna de Sus hijos. Él nos ama a todos por igual, y el mayor de Sus dones, el don de la vida eterna, está disponible para todos.

Aun cuando el hombre y la mujer son iguales ante Dios en cuanto a sus oportunidades eternas, tienen distintos deberes en Su plan eterno —y aun así esas diferentes funciones y deberes son de igual importancia. Debemos entender que Dios ve a todos Sus hijos con infinita sabiduría y con perfecta justicia. Por consiguiente, reconoce y hasta alienta nuestras diferencias y a la vez nos ofrece iguales oportunidades de crecer y desarrollarnos.

Cuando vivimos con Él, al ser procreados por Él en espíritu como Sus hijos e hijas, nuestro Padre Celestial asignó diferentes responsabilidades al hombre y a la mujer como seres mortales. A Sus hijos les dio el sacerdocio y las responsabilidades que conlleva el ser padre, mientras que a Sus hijas les confirió aquellas relacionadas con la maternidad, cada cual con sus respectivas funciones. La creación del mundo, la expiación de Jesucristo y la restauración del Evangelio en los últimos días por medio del profeta José Smith tienen un propósito unificador: el permitir a todos los hijos de nuestro Padre Celestial, procreados en espíritu, obtener un cuerpo mortal, para después, mediante el don del albedrío moral, seguir el plan de redención hecho posible por la expiación del Salvador. Dios preparó todas esas cosas para nosotros a fin de que pudiésemos regresar a nuestro hogar celestial, vestidos de inmortalidad y vida eterna, para vivir junto a Él como familias.

Una familia puede vivir junto a Dios sólo después de que un

hombre y una mujer son sellados en matrimonio por la eternidad mediante el poder del santo sacerdocio. Reconocemos que muchas personas en la Iglesia desean esta gran bendición pero tienen poca esperanza de realizarla en esta vida. Sin embargo, la promesa de la exaltación sigue siendo una meta alcanzable para cada uno de nosotros. Los profetas han dejado en claro que no se le retendrá ninguna bendición a ninguno de los hijos o de las hijas de Dios si lo aman a Él, si tienen fe en Él, si guardan Sus mandamientos y perseveran fielmente hasta el fin.

Gran parte de lo que los hombres y las mujeres deben hacer para llegar a ser dignos de una vida familiar en la exaltación, se basa en responsabilidades y objetivos compartidos. Muchos de los requisitos son exactamente los mismos para el hombre y la mujer. Por ejemplo, se requiere tanto del hombre como de la mujer obedecer las leyes de Dios. Los requisitos para entrar en el templo son los mismos para ambos, y todos cuantos entran en esos sagrados edificios pueden llegar a ser investidos con poder y a encontrar en ellos una casa de instrucción, una casa de gloria, una casa de Dios. El hombre y la mujer deben orar del mismo modo; ambos tienen el mismo privilegio de recibir respuesta a sus oraciones y por consiguiente a obtener revelación personal para su propio beneficio espiritual.

Tanto el hombre como la mujer deben servir a sus familias y a otras personas, pero las formas específicas en que lo hacen son algunas veces distintas. Por ejemplo, Dios ha revelado por medio de Sus profetas que los varones recibirán el sacerdocio, serán padres y, con amor tierno, puro y genuino, guiarán y nutrirán a sus familias en rectitud, empleando como modelo la manera que el Salvador usa para guiar la Iglesia. Al hombre también se le ha dado la responsabilidad fundamental de proveer por las necesidades temporales y físicas de la familia. La mujer tiene la capacidad de traer hijos al mundo y a ella se le ha conferido la función primordial y la oportunidad de guiar, nutrir y enseñar a sus pequeños en un ambiente amoroso, seguro y espiritual. En esa sociedad divinamente aprobada, maridos y esposas trabajan juntos, aportando cada uno sus contribuciones singulares para el bien de la familia. Tal pareja ofrece a los hijos que le son nacidos un hogar donde pueden ser plenamente nutridos por una madre y un padre. Al conferir diferentes responsabilidades al hombre y a la mujer, nuestro Padre Celestial brinda la más grande oportunidad de crecimiento, servicio y progreso.

La razón por la que éste es el modelo aprobado no es totalmente clara. El Señor sólo escogió dar a conocer Su voluntad con respecto a ese asunto, no Su razonamiento. En lo que a nosotros respecta, ciertamente las razones no son importantes ya que el asunto no es debatible. El consenso y la opinión pública son irrelevantes en una discusión de la doctrina de Dios, ya que ésta viene por mandato a través de revelación, no de legislación ni negociación. Para nosotros, lo único que realmente importa es que aceptemos o no la doctrina del sacerdocio y nos ciñamos a sus preceptos. Es un asunto de fe —nada más, ni nada menos.

Claro que algunas veces nuestra fe se pone a prueba. Resulta fácil entender por qué algunas hermanas se sienten frustradas cuando forman parte de un consejo con líderes del sacerdocio y no se les invita a hacer contribuciones de mayor magnitud. Tienen mucho que aportar a la solución real de los problemas a los que se enfrentan líderes del sacerdocio. Tal vez el Señor pensó en el líder del sacerdocio arrogante que no prestaría atención o haría a un lado la sabiduría de cualquier miembro de un consejo cuando hizo la siguiente advertencia al profeta José Smith: "Cuando intentamos encubrir nuestros pecados, o satisfacer nuestro orgullo, nuestra vana ambición, o ejercer mando, dominio o compulsión sobre las almas de los hijos de los hombres, en cualquier grado de injusticia, he aquí, los cielos se retiran, el Espíritu del Señor es ofendido, y cuando se aparta, se acabó el sacerdocio o autoridad de tal hombre" (D. y C. 121:37).

En otras palabras, el hombre que reclama privilegios especiales mediante el sacerdocio no entiende la naturaleza de su autoridad. El sacerdocio tiene que ver con servicio, no con servidumbre; con compasión, no con compulsión; con interés genuino, no con control mezquino. Quienes piensan de otro modo operan fuera de los confines de su autoridad y están por demás equivocados.

Habiendo hecho esa aclaración, estamos preparados para proseguir con nuestro análisis de los consejos locales de la Iglesia. Al hacerlo, invocamos el desafío del presidente Joseph F. Smith, quien esperó con anhelo la llegada del día "cuando todo consejo del sacerdocio en La Iglesia de Jesucristo de los Santos de los Últimos Días comprenda su deber, asuma su propia responsabilidad, magnifique su llamamiento al máximo y ocupe su lugar en la Iglesia, de acuerdo con la inteligencia y la destreza de sus miembros... Cuando lleguen a ser totalmente sensibles a las cosas que de ellos se requieren, cumplirán con sus deberes más fielmente, y la obra del Señor tendrá una influencia mucho más poderosa en el mundo" (en Conference Report, abril de 1906, pág. 3).

CAPÍTULO 3

LOS CONSEJOS PRESIDENTES LOCALES

En vista del acelerado progreso de la Iglesia y de la creciente desintegración de la fibra moral y social en todo el mundo, tal como lo señaló el presidente Thomas S. Monson (véase "El mirar hacia atrás y seguir adelante", *Liahona*, mayo de 2008, pág. 87), resulta cada vez más esencial facultar a los líderes de las estacas, los barrios y los hogares para que, conforme a los principios del Evangelio, hagan lo que sea necesario para traer a la gente a Cristo. Cada persona y cada situación son, de algún modo, únicas. Aun cuando los principios son de aplicación universal, las prácticas no lo son. Como bien lo sabe todo padre que ha tratado de criar a su segundo hijo exactamente igual que al primero, lo que da buenos resultados en una situación tal vez falle en otra.

La actividad central del liderazgo es enseñar, ante todo por medio del ejemplo y segundo por precepto. Tras ello, los líderes se vuelven una fuente de ayuda a medida que aquellos bajo su guía asumen la responsabilidad y toman la iniciativa de hacer lo que sea necesario, conforme a los principios que se hayan enseñado, para cumplir con la visión que les fue compartida.

La filosofía de liderazgo más avanzada, universal y práctica jamás concebida, se encuentra en esta sencilla declaración del profeta José Smith: "Les enseño principios correctos y ellos se gobiernan a sí mismos" (citado por John Taylor, en *Enseñanzas de los Presidentes de la Iglesia: José Smith*, pág. 300). Las presidencias de área han de enseñar a las presidencias de estaca la visión, la dirección, el propósito y los principios correctos de la Iglesia, permitiendo después que las presidencias de estaca gobiernen o administren sus respectivas estacas. Un modelo similar se aplica a los obispos y sus barrios y a los padres y sus familias. "Por tanto, aprenda todo varón su deber, así como a obrar con toda diligencia en el oficio al cual fuere nombrado" (D. y C. 107:99).

En este proceso es necesario que los líderes ejerzan gran paciencia al trazar una conducta cristiana, forjar relaciones de confianza, fijar funciones y metas claras, determinar fuentes de ayuda y requerir responsabilidad. Generalmente, los líderes de la Iglesia enseñan principios en vez de prácticas. Los inspirados miembros de consejos de estaca, barrio y de familia aprenden a convertir principios en prácticas apropiadas por medio de los susurros del Espíritu Santo. Por ejemplo, tras enseñar el principio de la oración familiar diaria, un padre puede preguntar: "¿Cómo y dónde debe nuestra familia ofrecer oraciones?". La familia tal vez decida que se haga una oración a diario antes de que los niños salgan para la escuela, lo cual puede llegar a transformarse en una práctica familiar por muchos años. Con el tiempo, la familia tal vez se dé cuenta de que es más práctico tener una oración familiar antes de cenar o de irse a dormir. Las prácticas tal vez cambien, pero los principios y los propósitos fundamentales no cambian.

Al trabajar los líderes con sus consejos, se debe prestar detenida atención a la admonición del Señor: "Porque he aquí, no conviene que yo mande en todas las cosas; porque el que es compelido en todo es un siervo perezoso y no sabio; por tanto, no recibe galardón alguno. De cierto digo que los hombres deben estar anhelosamente consagrados a una causa buena, y *hacer muchas cosas de su propia voluntad* y efectuar mucha justicia; *porque el poder está en ellos*, y en esto vienen a ser sus propios agentes" (D. y C. 58:26–28; cursiva agregada). Al ser facultados de ese modo, los miembros del consejo llegarán a ser sorprendentemente creativos y estarán dispuestos a tomar la iniciativa de hacer lo que sea necesario para lograr dignos propósitos dentro de las pautas de principios que se comprenden correctamente.

Además de enseñar propósitos y principios, es importante que los líderes enseñen explícitamente lo que *no* se debe hacer, al igual que lo hizo el Señor en varios de los Diez Mandamientos. Esto deja abierto todo camino apropiado a la creatividad del consejo a fin de que se sientan responsables y lleguen a lograr resultados de éxito en vez de pensar: "Bueno, hicimos lo que se nos pidió que hiciéramos y no dio resultado. ¿Qué quieren que hagamos ahora?".

Unanimidad en el consejo

Uno de los importantes principios rectores de los consejos de liderazgo de La Iglesia de Jesucristo de los Santos de los Últimos Días es el principio de la unanimidad. En términos generales, los asuntos que consideran los consejos presidentes se deben tratar y evaluar hasta que unánimemente se apruebe un curso de acción. En el Quórum de los Doce Apóstoles, por ejemplo, las decisiones que carecen de unanimidad siempre quedan sujetas a mayor consideración, oración y análisis. Aun cuando tenemos un presidente al que respetamos y honramos, y estamos organizados bajo una línea clara de autoridad consecutiva, procuramos el consenso en todo cuanto hacemos. Como resultado de ello, ha habido ocasiones en las que el asunto ha permanecido bajo consideración por un cierto período mientras nuestra decisión se analizaba y refinaba.

Finalmente se llega a un consenso y el resultado de nuestra deliberación es una decisión mejor y más completa.

Claro que no siempre es posible dedicar esa clase de tiempo a las decisiones que las presidencias o los obispados tienen que tomar. Algunos asuntos requieren una respuesta rápida y, a veces, tras una deliberación abierta durante la cual se da amplia consideración a todas las ideas y perspectivas, existen puntos de vista divergentes y dispares. En momentos tales, la responsabilidad del presidente o del obispo es tomar una decisión final basada en los sentimientos y las impresiones que se reciben mediante las llaves del sacerdocio o del manto del liderazgo. Asimismo, la responsabilidad de los miembros del consejo presidente es apoyar y sostener la decisión del líder del consejo como si fuera una decisión unánime del mismo.

El presidente James E. Faust, al hablar hace varios años en la sesión del sacerdocio de una conferencia general, recalcó la importancia vital de este principio:

"Es preciso que haya una unidad constante dentro del sacerdocio. Debemos ser leales a los líderes que han sido llamados a presidir sobre nosotros y a poseer las llaves del sacerdocio. Las palabras del presidente J. Reuben Clark, hijo, todavía resuenan en nuestros oídos: '*Hermanos, seamos unidos*'.

"Él también explicó: 'Un aspecto esencial de la unidad es la lealtad, cualidad que es muy difícil de poseer, y requiere la habilidad de hacer a un lado el egoísmo, la codicia, la ambición y todas las características mezquinas de la mente humana. No se puede ser leal a menos que uno esté dispuesto a entregarse a sí mismo. Hay que dejar de lado las preferencias y los deseos personales y tener presente sólo la gran meta final' (J. Reuben Clark, hijo, *Inmortalidad y vida eterna,* Curso de estudio del Sacerdocio de Melquisedec, 1968–1969, pág. 163)...

"En las asambleas gubernamentales de algunos países, hay

grupos conocidos como 'la oposición leal', pero esa expresión no se aplica al Evangelio de Jesucristo. El Salvador nos hizo la siguiente advertencia: 'Sed uno, y si no sois uno, no sois míos' (D. y C. 38:27). El Señor ha puesto bien en claro que 'toda decisión que tome cualquiera de estos quórumes se hará por la voz unánime del quórum, es decir, todos los miembros de cada uno de los quórumes tienen que llegar a un acuerdo en cuanto a sus decisiones...' (D. y C. 107:27). Esto significa que, después de una conversación franca, el consejo toma una decisión bajo la dirección del oficial que preside, que es el que tiene la autoridad para tomar la decisión final. Después, todos apoyan la decisión, puesto que nuestra unidad proviene del hecho de concordar plenamente con principios correctos y de seguir la inspiración del Espíritu de Dios" ("Guardemos los convenios y honremos el sacerdocio", *Liahona*, enero de 1994, págs. 42, 43–44).

Poco después de que fui llamado a servir como obispo, todos los obispos de nuestra estaca se reunieron con la presidencia de estaca en lo que entonces se conocía como el consejo de obispos. En aquellos tiempos se nos pidió a cada uno que colaboráramos en la creación de un presupuesto anual de bienestar de la estaca, proceso del cual habíamos sido parte durante varias reuniones, dando nuestras sugerencias y recomendaciones. Finalmente, la presidencia nos propuso un presupuesto para nuestro voto de aprobación, y quedé un poco sorprendido cuando dos de los obispos votaron en contra debido a algunos puntos del presupuesto con los cuales no estaban de acuerdo.

"Hermanos, ¿qué tal si consideran y oran con respecto al asunto?", sugirió con calma nuestro presidente de estaca. "En nuestra próxima reunión volveremos a someterlo a votación".

En la siguiente reunión del consejo de obispos de la estaca se votó nuevamente para aprobar el presupuesto de bienestar y, una vez más, los mismos dos obispos votaron en contra. Esta vez nuestro presidente de estaca se expresó con un poco más de firmeza.

"Hermanos, éste es el presupuesto de bienestar con el cual como presidencia de estaca nos sentimos cómodos", dijo en tono calmo y claro. "Hemos escuchado sus recomendaciones y nos esforzamos lo más posible por incluir sus sugerencias, pero hemos llegado a una decisión que consideramos ha sido validada por el Espíritu.

"Desde mi punto de vista", siguió diciendo el presidente de estaca, "o Dios está obrando por medio de nosotros o somos líderes inútiles. Esto quiere decir que la alternativa es bien sencilla: o nos sostienen a nosotros y este presupuesto, o escriben una carta a la Primera Presidencia para pedir que nos releven. Ahora bien, todos quienes estén a favor del presupuesto de bienestar de la estaca que proponemos, sírvanse indicarlo del modo correspondiente".

Esa vez, todos los obispos miembros del consejo levantaron la mano en señal de aprobación. Pocos meses después, todos los obispos de ese consejo llegaron a ver la sabiduría y la inspiración de la presidencia de estaca en cuanto al presupuesto que habían recomendado.

El mismo principio se aplica a los consejos más pequeños, entre ellos, los obispados y las presidencias de organizaciones auxiliares de estaca y de barrio. Siempre se debe procurar la unanimidad por medio de intercambios francos. Cuando hay diferencias de opinión y no es necesaria una decisión inmediata, es prudente permitir que transcurra un tiempo para dar a los miembros del consejo la oportunidad de pensar sobre la decisión y tal vez llegar a un estado de unanimidad en forma natural. Sin embargo, cuando llega el momento de tomar una decisión y sigue existiendo divergencia de opinión, el líder del consejo debe respaldarse en el Espíritu y tomar la decisión que él o ella considere ser la debida. En tales momentos es particularmente importante que todos los miembros del consejo apoyen la decisión de su líder —aun cuando no sea la decisión con la que ellos estén personalmente de acuerdo— y que tengan fe en el espíritu de revelación que descansa sobre el obispo o presidente. Si no se llega a la unanimidad de criterio en una decisión específica, al menos podremos hallar unanimidad al apoyar a nuestro líder sostenido y en nuestro deseo de ver que la obra del Señor avance de un modo positivo y de colaboración. Aun cuando tengamos diferentes puntos de vista y opiniones, cuando salimos de una deliberación de consejo somos uno y respaldamos la decisión final del consejo como si fuera nuestra propia decisión personal.

"Sed de un mismo sentir", instó el apóstol Pablo a los líderes cristianos de Corinto (2 Corintios 13:11), mientras que a los santos de Filipos escribió: "[comportaos] como es digno del evangelio de Cristo, para que . . . [estéis] firmes es un mismo espíritu, combatiendo unánimes por la fe del evangelio" (Filipenses 1:27). Por medio del profeta José Smith, el Señor aconsejó a Sus seguidores santos de los últimos días: "Sed uno; y si no sois uno, no sois míos" (D. y C. 38:27). Esta divina exhortación es profundamente importante en todo consejo de la Iglesia, especialmente en estacas y barrios. Si somos uno en propósito, espíritu y fe, entonces no tiene importancia si no en todos los casos somos de la misma opinión. Las opiniones cambian y fácilmente las puede alterar el tiempo, la experiencia y las circunstancias; pero los principios, los propósitos, la espiritualidad y la fe son valores perdurables que pueden unirnos no obstante los desacuerdos o las disputas.

La confidencialidad en los consejos

Otro importante principio que rige en los consejos gobernantes de la Iglesia es el principio de la confidencialidad. Resultaría difícil exagerar la importancia de mantener confidenciales las cosas que se tratan en los consejos. El profeta José Smith declaró en una ocasión: "La razón por la que no se nos revelan secretos del Señor, es porque no los guardamos, sino que los divulgamos; ni siquiera guardamos nuestros propios secretos, sino que ventilamos nuestros problemas ante el mundo; aun ante nuestros enemigos. ¿Cómo podríamos, entonces, guardar los secretos del Señor? Yo puedo guardar un secreto hasta el día del juicio final" (*History of the Church*, 4:479).

Un obispo aprendió por experiencia propia cuán destructivo puede ser cuando los miembros de un consejo no tienen cuidado en salvaguardar las cosas que se tratan en las reuniones. Un miembro del consejo inadvertidamente dejó sobre un banco de la capilla una copia de una agenda de una reunión de consejo. El papel, en el que había unos apuntes sobre una familia a la que el consejo iría a prestar especial atención, fue hallado por un adolescente, precisamente miembro de la familia en cuestión.

Imaginen el efecto que tal acto de descuido tuvo en los miembros de esa familia. Los padres se sintieron ofendidos por el hecho de haber sido el tema de discusión entre los líderes del barrio, y pese a que la intención del obispo y de los miembros del consejo había sólo sido ayudar, el daño causado por un simple descuido hizo difícil mitigar el resentimiento y la vergüenza de la familia.

Todo miembro de un consejo tiene la obligación de mantener confidenciales todos los asuntos que él o ella trate y oiga. A los miembros de presidencias y obispados a menudo se les confían asuntos muy delicados y comprometen su posición de confianza si comparten tal información indebidamente. Esas violaciones de confianza pueden acarrear repercusiones enormemente destructivas. Un presidente de estaca fijó la norma de que los miembros del sumo consejo no debían hablar fuera de las reuniones del consejo sobre ningún asunto del que se hablara en ellas, ni siquiera entre ellos. Nunca existe ninguna buena razón para que los miembros de un consejo den a conocer a otras personas (ni siquiera a sus respectivas esposas) detalles que trate el consejo, particularmente en lo que atañe a diferencias de opiniones o necesidades individuales. Si es que vamos a ser una bendición en la vida de nuestra gente y a evitar perjudicarlas, sencillamente debemos mantener en confianza los asuntos confidenciales.

El valor de escuchar atentamente

Los presidentes y obispos que utilizan los consejos de la Iglesia más eficazmente son los que escuchan con atención en las reuniones de esos consejos. Si usted es el oficial presidente, eso no quiere decir que tiene que estar sentado en silencio; lo que quiere decir es que realmente debe escuchar con atención lo que sus consejeros y los demás miembros del consejo están expresando y sintiendo, y que usted haga preguntas relevantes y penetrantes cuando no entienda el punto de vista de los demás. Si bien es cierto que las decisiones y las pautas finales descansan sobre la persona que ha sido llamada para presidir, no hay mayor razón para tener miembros de un consejo con opiniones, experiencias y destrezas únicas si no va a prestar atención a lo que ellos tengan que decir. Haga saber a los miembros de su consejo que usted valora sus comentarios y que espera que ellos siempre los den a conocer. Puesto que el líder presidente del consejo marca la pauta en cada reunión, depende de usted el asegurarse de que quienes sirven bajo su dirección sientan que se valora su participación. Por lo general es de mucha ayuda oír otras opiniones antes de ofrecer la suya. Con demasiada frecuencia, cuando un líder expresa su opinión primero, la deliberación termina en forma prematura.

"No tomen todos la palabra al mismo tiempo", dijo el Señor, "sino hable uno a la vez y escuchen todos lo que él dijere, para que cuando todos hayan hablado, todos sean edificados de todos y cada hombre tenga igual privilegio" (D. y C. 88:122).

Al mismo tiempo, quien es llamado a servir en un consejo de la Iglesia debe recordar que su participación en él es un privilegio, y que ese privilegio conlleva la responsabilidad de trabajar dentro de los confines de la organización, de estar preparado, de compartir, y de defender vigorosamente la posición que él o ella considere correcta. No obstante, igualmente importante es la responsabilidad de apoyar y sostener la decisión final del líder del consejo.

Lo que es más, cada miembro del consejo tiene la responsabilidad de estar espiritualmente en armonía al participar en las reuniones de ese cuerpo a fin de poder hacer una contribución positiva en cuanto a los asuntos que se tratan. Por ejemplo, el profeta José Smith enseñó que "antes de objetar a cualquier asunto que se presente para la consideración del consejo, la persona debe asegurarse de estar en condiciones de esclarecer el tema en vez de complicarlo, y de que su objeción esté fundamentada en la rectitud, lo cual se puede lograr al proponerse a estudiar la voluntad del Señor, cuyo Espíritu siempre pone de manifiesto y demuestra la verdad a todos cuantos lo posean" (*History of the Church*, 2:370). Al hacerlo, nuestros consejos se dirigirán en un espíritu de amor y compasión y se seguirá el ejemplo del Señor, quien "aconseja con sabiduría, con justicia y con gran misericordia" (Jacob 4:10).

Al escuchar a los miembros del consejo, los presidentes y los obispos pueden compartir con otros líderes las cargas que han sido llamados a sobrellevar. Ya hemos advertido el consejo de un padre bueno y justo en Israel de nombre Jetro a su yerno, Moisés. Cuando Jetro visitó a Moisés, lo vio sentarse "a juzgar al pueblo;

y el pueblo estuvo delante de Moisés desde la mañana hasta el atardecer.

"Y viendo el suegro de Moisés todo lo que él hacía con el pueblo, dijo: ¿Qué es esto que haces tú con el pueblo? ¿Por qué te sientas tú solo, y todo el pueblo está delante de ti desde la mañana hasta el atardecer?

"Y Moisés respondió a su suegro: Porque el pueblo viene a mí para consultar a Dios.

"Cuando tienen asuntos, vienen a mí; y yo juzgo entre el uno y el otro, y les declaro los estatutos de Dios y sus leyes.

"Entonces el suegro de Moisés le dijo: Lo que haces no está bien.

"Desfallecerás del todo, tú, y también este pueblo que está contigo, porque la tarea es demasiado pesada para ti; no podrás hacerlo tú solo.

"Oye ahora mi voz; yo te aconsejaré, y Dios estará contigo. Representa tú al pueblo delante de Dios, y somete los asuntos a Dios.

"Y enseña a ellos los estatutos y las leyes, y muéstrales el camino por el cual deben andar y lo que han de hacer.

"Además, busca tú de entre todo el pueblo hombres de virtud, temerosos de Dios, hombres verídicos que aborrezcan la avaricia; y ponlos sobre el pueblo como jefes de millares, jefes de centenas, jefes de cincuenta y jefes de diez.

"Ellos juzgarán al pueblo en todo tiempo; y será que todo asunto grave lo traerán a ti y ellos juzgarán todo asunto pequeño; alivia así la carga de sobre ti, y la llevarán ellos contigo.

"Si esto hicieres, y Dios te lo mandare, tú podrás aguantar, y todo este pueblo se irá también en paz a su lugar" (Éxodo 18:13–23).

Ésta no es sólo una gran lección para todos nosotros en cuanto a la importancia de delegar la autoridad del sacerdocio, sino que además señala la necesidad de que los presidentes y los obispos permitan a sus consejeros, líderes de las organizaciones auxiliares y otros "llevar la carga con ellos". Presidentes y obispos, tengan presente que los llamamientos de los demás líderes son tan inspirados como los de ustedes y que, por consiguiente, ellos tienen derecho a recibir inspiración en sus responsabilidades específicas. Apóyense en ellos; aprendan de ellos; ámenlos y escúchenlos.

El liderazgo de los consejos

También ofrecería esta sugerencia a presidentes y obispos: Nunca olviden que en su capacidad de líderes de sus respectivos consejos, ustedes son, en última instancia, responsables por todas las decisiones que se tomen. Ahora bien, tal vez esto parezca contradictorio con respecto a nuestra discusión anterior sobre la importancia de escuchar las propuestas de los demás miembros del consejo, pero en realidad no lo es en lo más mínimo. Más bien, es una extensión natural del curso del liderazgo de los consejos de la Iglesia. El modelo ideal es directo y sencillo: llamar a buenas personas a servir con usted, escuchar con cuidado su consejo y considerar sus opiniones, y después prestar atención a los susurros del Espíritu Santo al guiarlo a tomar buenas decisiones. Funcionar debidamente como consejo no quiere decir tomar decisiones en grupo, sino que el líder del consejo saca provecho de los varios grados de capacidad, percepción, experiencia e inspiración de los miembros del consejo a fin de tomar buenas decisiones bajo la influencia del Espíritu. Aun cuando procuramos la unanimidad, la decisión final siempre descansa sobre el líder del consejo.

Un obispo me contó de una ocasión, poco después de haber sido llamado al obispado, en que se hacía necesario llamar a una presidenta de las Mujeres Jóvenes en el barrio. "Tuve la clara impresión de quién debía ser esa presidenta", dijo el obispo, "pero cuando hablé con mis consejeros sobre el llamamiento, ellos habían pensado en otro nombre y fueron muy persuasivos en su recomendación de que la mujer que habían propuesto sirviera en ese importante puesto.

"Yo era un obispo recién nombrado y tenía enorme respeto por esos dos buenos hombres que servían como consejeros míos", continuó diciendo el obispo. "Creo que tenía más confianza en ellos que en mi propia sensibilidad espiritual, porque decidí descartar lo que sentía y aceptar su recomendación como la decisión final del consejo".

El obispo no pudo extender el llamamiento antes de tener que viajar por asuntos personales, así que le pidió a su segundo consejero que extendiera el llamamiento a la segunda hermana. Cuando llamó un par de días después para averiguar cómo iban las cosas, se le dijo que se había presentado un problema. La mujer, una joven fiel y devota hermana, no se sintió cómoda con el llamamiento y pidió que le dieran uno o dos días para pensar sobre el asunto.

"Hay algo que no me permite sentirme bien", dijo después de un par de días de orar al respecto. "Nunca he rechazado ningún llamamiento en mi vida y no voy a rechazar éste tampoco, pero siento que debo pedirle que le pregunte al obispo si realmente está seguro de que esto es lo que el Señor desea para las jovencitas del barrio en este momento. Si él está seguro, entonces daré por sentado que el problema lo tengo yo y con gusto aceptaré la asignación".

"Por cierto que se siente incómoda", dijo el obispo cuando su consejero le explicó la situación. "Esto no es lo que el Señor desea. Él me hizo saber quién debe ser la nueva presidenta de las Mujeres Jóvenes y yo no le he estado haciendo caso".

El obispo le pidió a su consejero que le dijera a la hermana que ella no tenía ningún problema de sensibilidad espiritual, y que después extendiera el llamamiento a la otra hermana a la que el obispo había tenido la impresión de llamar originalmente.

La respuesta de la hermana fue confirmante: "Desde hace dos semanas he tenido el presentimiento de que me iban a llamar para este cargo".

"La experiencia no me enseñó a descartar las sugerencias de mis consejeros", dijo el obispo. "Su aporte fue importante; la hermana que ellos habían sugerido fue llamada a servir como asesora en las Mujeres Jóvenes, cargo en el que hizo un magnífico trabajo. Lo que sí aprendí fue que de todas las voces que debía escuchar como obispo, la más importante era la voz del Espíritu al guiar mis ideas, mis palabras y mis actos".

Es importante que todos los miembros de consejos comprendan la función tan significativa y singular del líder de cada consejo y que aprendan a no sentirse ofendidos cuando la decisión sea diferente al curso que ellos hubieran escogido. El tomar decisiones no es la responsabilidad primordial de los consejeros. Éstos son llamados precisamente para eso, para dar consejo, así como para ayudar, fortalecer y apoyar. Su función es participar —activa y francamente— en el proceso de tomar decisiones, apoyar y sostener todas las decisiones del consejo, así como llevarlas a la práctica por medio de las respectivas organizaciones.

El uso de los consejos para lograr la misión de la Iglesia

Claro está que el principio rector fundamental de todo consejo eclesiástico es lograr la misión de la Iglesia. Todo cuanto se trata, todo plan que se hace, toda actividad que se coordina debe tener como su enfoque central el invitar a todos a "venir a Cristo".

Con tal fin, la función de todo consejo de la Iglesia es ayudar a los miembros a vivir el evangelio de Jesucristo, congregar a Israel por medio de la obra misional, velar por el pobre y el necesitado y hacer posible la salvación de los muertos mediante la edificación de templos y la realización de ordenanzas vicarias. Si un punto de la agenda no se puede relacionar de manera lógica y natural a uno de esos maravillosos objetivos eternos —sin tener que adaptarlo al punto de que no se reconozca a fin de que encaje en el criterio anterior— entonces, tal vez no se deba incluir en el temario.

De vez en cuando, la Primera Presidencia y el Quórum de los Doce Apóstoles darán especial énfasis a la capacitación de líderes mediante los principios fundamentales del Evangelio al capacitar a los líderes en el logro de la misión de la Iglesia. Es importante que todos los consejos de la Iglesia estén preparados para apoyar cualquier nuevo punto de énfasis de la Primera Presidencia y del Quórum de los Doce. Pienso que muchos líderes y miembros de consejos se sorprenderán de cuánto más llegarán a concentrarse en sus labores cuando las examinan a través del prisma de salvar almas por medio de la misión de la Iglesia.

Un joven obispo a quien conozco aprendió este importante concepto de un buen presidente de estaca. "Había estado sirviendo en mi cargo durante más o menos un año", me dijo. "Tenía excelentes consejeros y todos estábamos trabajando diligentemente y dedicando tiempo y energía a nuestros llamamientos. Llevábamos a cabo muy buenas actividades, y nuestras reuniones siempre se planificaban y ejecutaban bien. Estábamos haciendo todo lo que pensábamos que debíamos hacer pero no parecíamos estar logrando nada de mayor importancia en la vida de los miembros del barrio. Estábamos tan ocupados manteniéndonos ocupados que nunca teníamos el tiempo para enfocarnos en las cosas que realmente importaban más. A muy pocos de los miembros menos activos se les estaba afectando de manera positiva, a ningún candidato a élder se le estaba ordenando al sacerdocio mayor, nuestros jóvenes no estaban saliendo en misiones y nadie podía recordar cuándo había sido la última vez que habíamos bautizado a un converso en nuestro barrio".

¿Suena familiar? La mayoría de nosotros ha tenido ese tipo de experiencia. Los llamamientos de la Iglesia exigen mucho, particularmente si uno sirve en una presidencia o un obispado. Hay mucho que hacer y muchos detalles de los que encargarse. Muchas veces nos centramos tanto en traer gente al centro de reuniones que nos olvidamos de que debemos traerlos a Cristo. Con mucha frecuencia, nuestras reuniones de consejo reflejan esa carencia de enfoque y dedicamos todo nuestro preciado tiempo durante las reuniones a coordinar eventos y correlacionar programas de trabajo. En vez de cumplir con las cosas del Señor —las que casi siempre tienen como fin llegar a ministrar a las personas y las familias— más bien nos inundamos en quehaceres de administración. Se presentan informes, se efectúan asignaciones y consideramos que la reunión ha sido un éxito, aun cuando no haya habido ningún intercambio serio en cuanto a cómo llevar la organización adelante para el beneficio de las personas, de manera tal que se sientan inspiradas y motivadas a "venir a Cristo".

No es de extrañar, entonces, que muchos presidentes y obispos que presiden tales organizaciones se sientan abrumados e insatisfechos, tal como se sintió mi joven amigo. Si su llamamiento sencillamente se ha vuelto una larga lista de cosas que debe hacer —actividades que planificar, lecciones que preparar, asignaciones que cumplir, reuniones que efectuar— puede llegar a ser una tarea abrumadora. Es únicamente cuando vemos más allá de los detalles administrativos de nuestro llamamiento y centramos nuestra atención en los principios de ministrar a los hijos de Dios y de llevar las bendiciones del Evangelio a sus vidas, que nuestros llamamientos en la Iglesia adquieren un significado singular y sentimos la dicha y la satisfacción que provienen de ofrecer un servicio relevante en el reino.

Por ejemplo, las reuniones sacramentales planificadas con detenimiento deben llegar a ser un festín espiritual en el cual adoramos y aprendemos sobre nuestro Padre Celestial y Su Hijo Amado, nuestro Señor y Salvador Jesucristo. Por cierto que una vez a la semana nuestros miembros deberían sentir el poder del Espíritu en su vida. La reunión sacramental tendría que proporcionar tal oportunidad. Los obispos que están sumamente ocupados en los detalles, a menudo tienden a dedicar más tiempo a asuntos insignificantes y menos tiempo a asegurarse de que las reuniones sacramentales sean un banquete de alimento espiritual. En tales ocasiones, sería prudente pedir sugerencias a los consejeros y a los miembros del consejo de barrio para hallar formas de que cada reunión sacramental sea una experiencia más reverente y espiritual. Los consejos pueden también asistir en la tarea de enseñar a los miembros que la capilla es un lugar especial de nuestros edificios a la que llegamos en un espíritu de respeto hacia Dios y reverencia por Su Santo Hijo. Estoy seguro de que, mediante la invitación del obispo, el liderazgo de las organizaciones auxiliares puede enseñar en sus reuniones la necesidad de mejorar la reverencia en la reunión sacramental. Las hermanas se pueden enseñar las unas a las otras y a sus familias que la capilla es un lugar especial, el único lugar donde podemos adorar y honrar al Señor Jesucristo al participar de la Santa Cena y renovar nuestros convenios con Él. Todos los líderes pueden contribuir a que la dulce y apacible influencia del Santo Espíritu se perciba en nuestros servicios de adoración, haciendo que el esclarecimiento y la nutrición espiritual fluyan hacia nosotros. Al centrar nuestra atención en tales cosas que provienen directamente de nuestros esfuerzos por lograr la misión de la Iglesia, los consejos presidentes cambian su perspectiva de *administrar* a *ministrar*, y los miembros de los consejos sienten la dicha que proviene de marcar una diferencia significativa en la vida de las personas.

Afortunadamente, ese obispo bien intencionado pero frustrado y algo agobiado que mencionamos antes, tenía un presidente de estaca perspicaz que entendía ese principio.

"¿Tiene copia de una agenda de alguna de sus reuniones de obispado?", preguntó el presidente durante una de sus frecuentes entrevistas personales del sacerdocio. Al verla, el presidente la estudió por un momento y luego la puso sobre su escritorio. "¿Cuándo hablan sobre las necesidades espirituales de sus miembros?", preguntó.

La pregunta sorprendió a mi amigo. "Bueno", dijo, "hablamos de ello todo el tiempo".

El presidente de estaca volvió a echar un vistazo a la agenda y dijo: "No lo veo aquí".

"Tal vez no esté indicado como un punto en la agenda, pero sí hablamos de ello", dijo el obispo.

"Deme un ejemplo", insistió el presidente.

Tras fijarse en la agenda, el obispo dijo: "Aquí", señalando un punto rotulado *Nuevos llamamientos*. "Nos referimos a la necesidad de llamar nuevos maestros para la Primaria y maestras para la Sociedad de Socorro". El obispo hizo una pausa, sintiéndose un tanto incómodo, y añadió: "Recuerdo que hablamos de la importancia de llamar buenos maestros".

"Eso está muy bien", dijo el presidente de estaca, "pero todavía me causa curiosidad el que no hablen específicamente de las necesidades espirituales de sus miembros. Recuerde, obispo, que el ayudar a los miembros a vivir el evangelio de Jesucristo, contribuir al recogimiento de Israel por medio de la obra misional, velar por los pobres y los necesidades, y hacer posible la salvación de los muertos son pautas para ayudarnos a elevar a nuestra gente espiritualmente y al hacerlo, fortalecer la Iglesia".

"Sí, presidente, lo sé", dijo el obispo, "y créame que hablamos sobre esas cosas, sólo que no las incluimos como puntos de la agenda".

"Entiendo, pero me pregunto por qué no lo hacen", dijo el presidente. "Lo que veo en su agenda son unas cuantas tareas de mantenimiento: nuevos llamamientos, anuncios de la estaca, lista de entrevistas, informes de actividades, asuntos de calendario y demás. Con todo lo que tienen que tratar, cualquier consideración de asuntos relacionados con la forma de atender necesidades espirituales sería totalmente casual o se dejaría para el final de la reunión cuando ya no queda tiempo para analizarlos con el detenimiento que merecen".

El obispo volvió a mirar la agenda y notó el último punto que estaba anotado en ella —*activación*— y recordó cuán a menudo se habían quedado sin tiempo para hablar de ese tema tan importante. "Creo que comprendo lo que quiere decir, presidente", dijo, "pero no estoy totalmente seguro de lo que podemos hacer al respecto; tenemos que referirnos a esas tareas de mantenimiento".

"Claro que deben referirse a ellas", dijo el presidente, "pero no es necesario que sean el punto de enfoque principal de su reunión de obispado". Entonces tomó un formulario de uno de los cajones de su escritorio. "Tenga", dijo, "mire esta agenda de nuestra última reunión de presidencia de estaca". El obispo vio que después de la primera oración y del pensamiento espiritual, de leer las minutas y presentar los informes de asignaciones, en la agenda se mencionaban algunos asuntos generales, como obra misional, el templo y la historia familiar, y el bienestar espiritual y temporal, con puntos específicos que se habían de tratar bajo cada uno de esos temas. Al fijarse más detenidamente, vio que había algunos nombres específicos de personas en la agenda y no muchos detalles de administración.

"¿Cómo lo hacen?", preguntó. "La estaca parece marchar sin problemas y eficientemente. ¿Cómo hacen para mantener todo bajo control sin dedicar tiempo a detalles y planes?"

"Sí les dedicamos tiempo", dijo el presidente, "pero tratamos esos asuntos rápidamente al referirnos a los informes al principio de la reunión, y hacemos bastante mantenimiento fuera de la reunión de presidencia. Nuestro objetivo es dedicar el mayor tiempo posible a las cosas que realmente importan, las cuales casi siempre tienen que ver con la gente: sus necesidades, sus preocupaciones, su fe, y cómo se relacionan con el vigor espiritual de la Iglesia".

Mi joven amigo captó la visión del sabio consejo de su presidente de estaca y comenzó a dar nueva forma a las agendas de sus reuniones de obispado de acuerdo con las necesidades espirituales y personales de los miembros del barrio. "Al principio", dijo, "resultaba un poco extraño dedicar tanto tiempo a hablar de las necesidades de la gente y otros asuntos de peso y ya no estar tan organizados como antes, pero ahora, nos hemos dado cuenta de cómo manejar los asuntos del barrio sin dedicar tanto tiempo en nuestras reuniones de obispado a hablar de ello. Nos sentimos mucho más estrechamente envueltos en la vida de las personas y más preparados para marcar una diferencia mediante la aplicación de los principios fundamentales del Evangelio en ellas y así elevarlas espiritualmente".

Lo que aprendió mediante esa experiencia se aplica a todo obispado, toda presidencia y todo consejo de la Iglesia. Una de las cosas más importantes que puede hacer un presidente o un obispo es mantener ese enfoque crucial en las reuniones y al ministrar respecto a las necesidades de la gente. En su calidad de autoridad presidente del consejo, él marca el paso ministerial que otras personas de la organización habrán de seguir. La reunión de presidencia o de obispado es el lugar perfecto para establecer un enfoque claro de aquello que más debe importar en todos los consejos de la Iglesia: traer almas a Cristo y anclarlas con un testimonio espiritual.

Como se explica en el *Manual 2*: "En vez de analizar demasiados asuntos de manera superficial, es mejor centrarse en unos pocos que bendecirán al mayor número de personas y familias. El obispo confía en la inspiración para saber qué asuntos son más importantes en un momento dado" (*Manual 2*: 4.6.2).

Todo consejo debe escoger entre los asuntos que realmente importan y aquellos que no. La responsabilidad de los consejeros y de otros miembros del consejo es ayudar al presidente, al obispo o al líder de la organización auxiliar a concentrarse en las cosas más relevantes: el progreso espiritual de cada persona que viva dentro de los límites de esa unidad de la Iglesia. Si dedicamos la totalidad de nuestro tiempo a hablar de cosas triviales, entonces nuestro trabajo será trivial; no obstante, ésta es la obra de Dios, la cual no es para nada trivial. Si mantenemos el enfoque y nuestros objetivos son claros, podemos trabajar por medio de los consejos para adelantar la misión de la Iglesia en nuestras estacas, nuestros barrios y quórumes y en las organizaciones auxiliares.

Propósitos del liderazgo

A fin de ayudar a los líderes del sacerdocio y de las organizaciones auxiliares a centrar sus esfuerzos en el logro de la misión de la Iglesia, la Primera Presidencia y el Quórum de los Doce Apóstoles han fijado varios propósitos de liderazgo para que los líderes consideren en sus respectivas funciones:

"**Familias**: Enseñen el carácter preeminente que tienen el hogar y la familia como la unidad de organización básica de la Iglesia. . . Animen a cada miembro de la familia —a padres e hijos— a estudiar las Escrituras, a orar con regularidad y a vivir el evangelio de Jesucristo.

"**Adultos**: Animen a cada adulto a ser digno de recibir las ordenanzas del templo. Enseñen a todos los adultos a buscar los nombres y los datos de sus antepasados y a efectuar por ellos las ordenanzas vicarias del templo.

"**Jóvenes**: Ayuden a cada uno de los hombres jóvenes a prepararse para recibir el Sacerdocio de Melquisedec, así como para recibir las ordenanzas del templo y ser dignos de servir en una misión de tiempo completo. Ayuden a cada una de las mujeres jóvenes a ser dignas de hacer y guardar convenios sagrados y de recibir las ordenanzas del templo. Fortalezcan a los jóvenes por medio de la participación en actividades significativas.

"**Todos los miembros**: Ayuden a los líderes del sacerdocio y de las organizaciones auxiliares, a los consejos de barrio, a los misioneros de barrio y de tiempo completo y a los miembros para que trabajen cooperativamente en un esfuerzo equilibrado para rescatar a las personas, fortalecer a las familias y las unidades de la Iglesia, aumentar la actividad del sacerdocio y congregar a Israel por medio de la conversión, retención y activación. Enseñen a los miembros a proveer para sí mismos y para sus familias, y ayudar al pobre y al necesitado a la manera del Señor" (*Manual 2*: 3.4).

Éstas son las cosas que más importan; éstas son las cosas que marcarán una diferencia positiva en la vida de la gente, y éstas son las cosas que deben ser el punto de enfoque y el objetivo de todo consejo presidente de la Iglesia al procurar unirnos al Señor en Su obra y Su gloria de "llevar a cabo la inmortalidad y la vida eterna del hombre" (Moisés 1:39).

CAPÍTULO 4

LOS CONSEJOS DE ESTACA Y DE DISTRITO

Un amigo al que llamaré Brent, se sentía un tanto desanimado con su nuevo llamamiento en la Iglesia. Durante la mayor parte del año anterior, había servido en lo que él catalogaba como "el mejor llamamiento en la Iglesia": maestro en la Escuela Dominical de un grupo de jóvenes de dieciséis y diecisiete años, inquisitivos, entusiastas y de buen comportamiento. Habían disfrutado magníficos momentos juntos, cargados de espiritualidad, buen humor y, de vez en cuando, lágrimas. El grupo se había unido de un modo muy particular, así que cuando el presidente de la Escuela Dominical le dijo a Brent que no querían interrumpir aquello que él había logrado con su clase y que lo iban a mantener en ese grupo por el siguiente año, él se sintió encantado.

Por tal razón, Brent se mostró un tanto inquieto cuando el nuevo obispo de su barrio los invitó a él y a su esposa a tener una entrevista. Puesto que su esposa ya estaba sirviendo como presidenta de la Sociedad de Socorro, no pensaron que se tratara de un nuevo llamamiento para ella. Brent no se sorprendió demasiado cuando el obispo le extendió a él un nuevo llamamiento como presidente de los Hombres Jóvenes.

Brent admitió que al principio se sintió desilusionado. "No quería dejar a mis jóvenes", dijo, "pero siendo que como presidente de los Hombres Jóvenes también sería el asesor de los presbíteros, al menos podría estar con los varones de la clase de la Escuela Dominical, y también podría ver a las jovencitas en la noche de la Mutual, así que no me llevó mucho tiempo acostumbrarme a la idea. De hecho, me sentía muy animado para cuando íbamos a tener nuestra conferencia de estaca la semana siguiente".

Pero ésa sería una conferencia especial en la que la estaca de Brent habría de ser dividida y considerablemente reorganizada. Tras la conferencia, la experiencia de Brent como presidente de los Hombres Jóvenes llegaba a su fin después de sólo una semana pues se le llamó como miembro de un nuevo sumo consejo, y allí fue donde surgió el descontento.

"No es el cambio tan rápido lo que me molesta; entiendo que esas cosas suceden en una Iglesia dinámica que crece continuamente", me dijo Brent. "Sólo que, bueno, usted entiende, una asignación en la *estaca*".

Comprendí lo que trataba de decirme. Habíamos hablado de ello antes, cuando él había servido como miembro de otro sumo consejo. Cuando conocí a Brent, él servía como obispo y le encantaba tener un llamamiento en el barrio debido a la proximidad con la gente y la oportunidad que ello le daba de formar parte de sus vidas de un modo significativo.

"Uno puede realmente ministrar a la gente en un llamamiento de barrio y marcar una diferencia en sus vidas", dijo. "Las asignaciones de estaca son sólo . . . administrativas. Uno tiene que encargarse de papeleos, de detalles y de asistir a reuniones, muchas reuniones. Pero, en realidad, no hay nada para *hacer*. Hablando francamente, ¿cuándo fue la última vez que oyó a alguien decir que su vida cambió gracias a un discurso de un miembro del sumo consejo?"

Muchas personas que hayan servido en asignaciones de estaca

tal vez se identifiquen con lo que mi amigo Brent estaba diciendo. El efecto de un servicio eficaz suele ser más inmediato, se ve con más claridad y se siente de un modo más personal en llamamientos de barrio que en los de estaca. En los llamamientos de barrio ministramos a la gente, mientras que en los de estaca ministramos y enseñamos a aquellos que ministran. Pero ese ministerio puede ser tan importante —y a la larga, igualmente profundo— si tomamos nuestras asignaciones de estaca con seriedad e invertimos en ellas la misma determinación y dedicación que en nuestras asignaciones de barrio. La líder de Mujeres Jóvenes de estaca que puede ayudar a su colega de barrio a entender mejor el programa y a ser más eficaz en su servicio y que puede darle una visión del alcance de su llamamiento, estará bendiciendo la vida de jovencitas del mismo modo que lo hace la líder de barrio; sólo que lo hará de un modo indirecto. El ayudar a un maestro o a un asesor para que influya de una manera más eficaz en los jóvenes del barrio es verdaderamente un gran servicio. De igual forma, el miembro del sumo consejo que dedica su tiempo a ofrecer capacitación e instrucción excelentes en las reuniones de estaca, estará brindando un servicio valioso a aquellas personas cuyas vidas se ven enriquecidas como resultado de tal capacitación. Aun cuando a veces es más difícil apreciar los resultados de largo alcance de nuestros esfuerzos en las asignaciones de estaca, el servicio puede ser igualmente satisfactorio y dichoso para quienes entienden y ven la necesidad de ministrar a aquellos que ministran.

Los propósitos y objetivos de los consejos de estaca son un poco diferentes a los de los equivalentes consejos de barrio (en donde existan tales equivalencias), pero los principios que deben gobernar esos consejos son idénticos. Es tan importante centrarse en los fundamentos del Evangelio y en la gente (más bien que en los programas) en los consejos de estaca, como lo es en los consejos de barrio, y es igualmente importante que quienes participan en un consejo de estaca lo hagan en un espíritu de franca comunicación. Los principios que rigen las deliberaciones en nuestros consejos son verdaderos, ya sea que se trate de un consejo de estaca o uno de barrio, y los resultados de hacerlo eficazmente pueden ser igualmente significativos en la vida de las personas y de las familias.

Si bien es posible que haya un cierto número de consejos y comités especiales de estaca, en este caso centraremos nuestra atención en dos consejos particulares.

El *comité ejecutivo del sacerdocio de estaca* consiste en la presidencia y el sumo consejo, conjuntamente con el secretario y el secretario ejecutivo de estaca. El comité ejecutivo del sacerdocio de estaca se reúne dos veces al mes (donde sea posible) para recibir instrucción, dar informe de asignaciones y deliberar en cuanto a la forma de fortalecer a los miembros de la estaca por medio del Evangelio. Este comité también recibe el informe de misioneros que regresan de su servicio.

El *consejo de estaca* incluye a los miembros del comité ejecutivo del sacerdocio de estaca, así como a las presidentas de la Sociedad de Socorro, de las Mujeres Jóvenes y de la Primaria y a los presidentes de los Hombres Jóvenes y de la Escuela Dominical de estaca. El presidente de estaca también puede invitar a otras personas a asistir según sea necesario. Aun cuando algunas estacas siguen refiriéndose a este cuerpo como el "consejo de correlación de estaca", es correcto llamarlo consejo de estaca pues su alcance y visión deben extenderse mucho más allá de la simple correlación y coordinación de actividades. Si bien el planificar y coordinar son funciones de los miembros del consejo de estaca, este grupo también debe considerar asuntos, necesidades e intereses de relevancia a los que se enfrenten las personas que vivan dentro de los límites de la estaca.

Cómo bendecir la vida de los miembros por medio de los consejos de estaca

En una estaca, el desafío era la escasa asistencia al templo por parte de los miembros. Los líderes de la estaca se mostraban preocupados puesto que consideraban que los miembros no estaban aprovechando al máximo la oportunidad de recibir las bendiciones del templo en su vida. La presidencia de la estaca se refirió extensamente a tal preocupación y procuraron transmitirla mediante reuniones y conferencias, pero no habían planteado el asunto ante el consejo de estaca.

"Nuestras reuniones de consejo de estaca nunca habían sido muy útiles", admitió el presidente de la estaca. "Generalmente se hablaba más de temas relacionados con actividades que de ninguna otra cosa. Programábamos sólo dos reuniones de consejo de estaca por año, principalmente porque en el manual se indicaba que debíamos llevar a cabo reuniones de consejo regularmente. Dos reuniones nos parecía más que suficiente".

Pero después de asistir a la capacitación mundial de líderes y de recibir indicaciones muy firmes de parte de los líderes generales de la Iglesia sobre cómo emplear más eficazmente la función de los consejos, la presidencia de la estaca decidió emplear un enfoque distinto con su consejo. "En nuestra siguiente reunión de consejo tratamos la finalidad de llevar a cabo esta reunión en particular", dijo el presidente de la estaca. "Dejamos bien en claro que ésta no era una reunión de planificación de actividades, sino una reunión que contribuiría a que la estaca progresara en la misión de traer almas a Cristo".

Entonces la presidencia de la estaca presentó ante el consejo sus inquietudes en cuanto a la baja asistencia al templo y pidió que hicieran comentarios y presentaran sugerencias. "Bajo la influencia del Espíritu comenzaron a fluir las ideas", dijo el presidente de la estaca. "Las hermanas presentes fueron de particular ayuda al brindar sugerencias ante el consejo de cómo hacer más conveniente la asistencia al templo para las hermanas que trabajaban y para las madres con niños pequeños en el hogar".

"Fue una reunión muy positiva para todos nosotros", continuó diciendo. "Hubo enorme participación puesto que todos los miembros del consejo sintieron que se les escuchaba y que se estaban considerando sus sugerencias".

La reunión del consejo generó una larga lista de ideas, algunas de las cuales llegaron a ser parte del plan de la estaca para aumentar la asistencia al templo. "Pero el resultado realmente excepcional fue que todos dijeron que debíamos efectuar reuniones de consejo de estaca más a menudo", agregó el presidente. "Ahora que nos hemos dado cuenta de cómo aprovechar la experiencia colectiva de nuestro consejo de estaca, estamos llevando a cabo reuniones trimestrales, con la posibilidad de reunirnos más a menudo si fuera necesario. Tenemos necesidad de lo que el consejo de estaca puede hacer por nosotros, ahora que *sabemos* como utilizarlo".

Una experiencia similar ocurrió en otra estaca, en la que se habían eliminado totalmente las reuniones de consejo, remplazándolas con reuniones individuales regulares entre la presidencia de la estaca y las presidencias de las organizaciones auxiliares. Como resultado del consejo de los líderes de la Iglesia, el presidente de la estaca y sus consejeros decidieron reconstituir el consejo de estaca y volver a llevar a cabo reuniones regulares.

"En la primera de esas reuniones, entre otros temas, tratamos los bosquejos de las conferencias de estaca y de barrio", dijo el presidente de la estaca. "Los comentarios y las sugerencias de los miembros del consejo fueron fundamentales para estructurar las respectivas agendas. Como resultado de ello, nuestras conferencias de estaca y de barrio se encontraban entre las de más éxito que habíamos tenido hasta ese momento. Los comentarios de los miembros sobre nuestras dos últimas conferencias de estaca han sido enormemente positivos y, en ambos casos, la asistencia aumentó.

"También descubrimos que al corregir el formato de las conferencias de barrio, estábamos mucho más cerca de satisfacer las necesidades tanto de los líderes como de los miembros", continuó diciendo el presidente de la estaca. "Lo que es más, tuvimos un incremento en la participación de las hermanas en las conferencias de barrio, lo cual se logró de un modo muy favorable".

Otro presidente de estaca comprendió en una reunión de capacitación del sacerdocio de área cuán firmes se sentían la Primera Presidencia y el Quórum de los Doce Apóstoles en cuanto a la expresión de testimonios genuinos y profundos y a la enseñanza de doctrina pura en todas las reuniones de la Iglesia a fin de elevar la espiritualidad de los miembros. La Presidencia del Área explicó los "Propósitos del liderazgo" que se reseñan en el *Manual 2*, sección 3.4, y pidió a los presidentes de estaca que se concentraran en preparar a todos aquellos dentro de sus respectivas jurisdicciones para recibir las bendiciones del templo. Ese presidente regresó a su estaca con la determinación de hallar una forma de recalcar aquel mensaje en cada uno de los barrios. Lo primero que hizo fue hablar con sus consejeros y juntos llegaron a la conclusión de que los principios que se enseñan en la sección "Propósitos del liderazgo" se debían entender y enseñar en la estaca. Después llevó a cabo una reunión especial de consejo de estaca a la cual invitó también a todos los obispos, y en la que sus consejeros presentaron la información. En esa reunión, los miembros del consejo trataron maneras de implantar en la estaca las instrucciones de las Autoridades Generales.

Cada obispo se reunió con su consejo de barrio para determinar cómo llevar a la práctica el mensaje de la presidencia de la estaca. Los presidentes y las presidentas de las organizaciones auxiliares de la estaca también se reunieron con sus respectivas organizaciones. Por ejemplo, la presidencia de la Sociedad de Socorro ideó un plan que incluía enseñar esos principios a las presidentas de Sociedad de Socorro de cada barrio en las reuniones de líderes de estaca, incorporando el tema en la conferencia anual de mujeres de la estaca, instando a las maestras de la Sociedad de Socorro a enseñar la doctrina y dar testimonios más eficazmente, ofreciendo más capacitación personal a cada presidenta, y sugiriendo formas de coordinar el mensaje en reuniones y actividades significativas de Sociedad de Socorro.

"Por primera vez, nos sentimos parte del equipo de líderes de la estaca", dijo la presidenta de la Sociedad de Socorro. "Resultó estimulante que se nos considerara líderes espirituales con la capacidad de contribuir al bienestar espiritual general de nuestra estaca".

Qué hacer para que los consejos de estaca den buen resultado

¿Llegan a ver un modelo en estos ejemplos de consejos de estaca eficaces? Parece haber tres elementos clave que hacen que los consejos de estaca funcionen del modo debido. Primero, comenzando con la presidencia de estaca, los líderes deben estar comprometidos para con el concepto de los consejos y hacer todo cuento esté a su alcance para asegurarse de que los consejos estén organizados y funcionen de la manera debida. Segundo, deben facultar a sus consejos; o sea, dar a sus miembros tareas significativas para llevarlas a cabo. Por último, tienen que hacerse a un lado y permitir que el consejo de estaca haga su trabajo.

Un presidente de estaca cuenta de la ocasión en que trató el tema de un seminario de preparación para el templo con su comité ejecutivo del sacerdocio de estaca. "Como presidencia, fuimos a la reunión e hicimos saber a los hermanos cómo debía efectuarse el seminario. Ellos estuvieron allí sentados, escuchándonos, sin la más mínima expresión de apoyo ni de entusiasmo".

Eso preocupó a la presidencia de estaca, y en su próxima reunión hablaron de cómo debía mejorar el comité ejecutivo del sacerdocio. "Nos dimos cuenta de que teníamos el hábito de decir al sumo consejo cómo íbamos a hacer las cosas, en vez de deliberar con ellos para recibir sus ideas y comentarios", dijo el presidente de la estaca. "En nuestra siguiente reunión del comité ejecutivo del sacerdocio, nos referimos al seminario de preparación para el templo de una manera distinta. Pedimos sus sugerencias y recomendaciones y después permanecimos callados aguardando sus respuestas. Al principio se mostraron un tanto vacilantes ya que ésta era una manera nueva de hacer las cosas. Pero después de un breve momento se fueron animando y las ideas comenzaron a fluir. Se sintió un buen espíritu en la reunión, y se presentaron muy buenas ideas que mejoraron nuestros planes para el seminario.

"Después de la reunión, uno de los hermanos se me acercó y me dijo: 'Ésta fue una de las reuniones más productivas a las que he asistido. Me sentí muy bien. Gracias'".

Cuando las presidencias de estaca permiten a los miembros de sus consejos sentir responsabilidad por el programa, es más factible que éstos tengan una participación más dinámica en la solución de los problemas a los que se enfrenta la estaca.

Liderazgo inspirado de parte de un miembro de un sumo consejo

Hace algún tiempo, tuve una buena experiencia al asistir a una conferencia de estaca en el estado de Idaho (Estados Unidos). El presidente de estaca me dijo que tenía una sorpresa para mí y me preguntó si confiaba en él. Le respondí que confiábamos en todos nuestros presidentes de estaca, sobre todo cuando hacían las cosas bien. "Creo que le agradará lo que sucederá mañana en la sesión general de la conferencia", dijo.

Esto fue lo que sucedió: En la sesión del domingo por la mañana, le pidió a una niñita de unos diez años de edad que pasara al frente a dar su testimonio en cuanto a ser una "misionera de la Primaria". El presidente de la estaca había autorizado al miembro del sumo consejo asesor de la Primaria que llevara a la práctica la idea de que los niños también pueden ser misioneros. El miembro del sumo consejo fue a la Primaria de cada barrio a enseñarles a los niños que ellos también eran misioneros. Esa dulce niña, a la que llamaremos Katie, aprendió del miembro del sumo consejo que ella podía ser una misionera. Cuando llegó a su casa, fue a su papá, quien era el obispo del barrio, y le dijo: "Papi, soy una misionera de la Primaria, y quiero compartir el Evangelio con alguien". El obispo respondió: "Bueno, cariño, eso es magnífico, pero sólo tenemos un par de familias en todo nuestro barrio que no son miembros de la Iglesia, así que va a resultar un poco difícil". La niña le preguntó quiénes eran esas personas; su papá le dio el nombre de las familias y ella dijo casi sin vacilar: "Vamos a visitarlas para invitarlas a venir a una de nuestras noches de hogar".

Ustedes que son padres de niñitas saben cuán fácilmente se desarman cuando ven esa tierna, inocente y suplicante mirada en sus ojos. Eso fue precisamente lo que le sucedió al obispo. Así que él y Katie fueron a golpear a la puerta de una de las familias que no eran miembros. Cuando la madre de esa familia abrió la puerta, Katie dijo: "Soy una misionera de la Primaria y queremos que vengan a nuestra casa a una noche de hogar". Esa buena madre, supongo, tuvo el mismo problema con esos grandes e inocentes ojos y aceptó la invitación. Fueron a la noche de hogar, pasaron un momento muy agradable, pero no se convirtieron.

Unas dos semanas después, Katie llegó a casa en el momento en que su mamá retiraba unos panes dulces del horno. Katie le preguntó: "¿Me das uno de esos panes?", a lo que la madre respondió: "Claro, mi amor, pero ¿qué vas a hacer con él?".

"Quiero llevárselo a la señora Johnson", contestó.

Cuando la señora Johnson abrió la puerta, Katie le dijo: "Tengo algo para usted pero sólo se lo puedo dar con una condición". Cuando la señora Johnson le preguntó cuál era la condición, Katie le dijo: "Que deje que los misioneros le enseñen el Evangelio". La señora Johnson sonrió y dijo: "Si esa es la única condición para que probemos ese pan dulce, con gusto dejaremos que los misioneros nos enseñen el Evangelio".

Los misioneros les enseñaron el Evangelio a los Johnson y ellos se bautizaron.

Después que Katie terminó de dar su testimonio en la conferencia, la hermana Johnson fue la siguiente en hablar. Nunca olvidaré lo que sentí cuando ella agradeció a una pequeña misionera de la Primaria de diez años de edad que había tenido el valor de invitar a su familia a conocer el Evangelio.

Cuando llegó mi turno de hablar, invité al obispo y a su familia, incluyendo a Katie, a pasar al frente junto a mí y después invité también a los Johnson —la madre, el padre y sus tres hijos. Les dije a todos ellos: "Ustedes han tenido una magnífica experiencia. Obispo, usted y Katie compartieron lo más preciado de la vida, el evangelio de Jesucristo. Pero debo decirles que si ustedes piensan que su corazón reboza de dicha hoy, esperen a dentro de un año cuando la familia Johnson se arrodille ante el altar del Templo de Idaho Falls para ser sellada por esta vida y por toda la eternidad. Ése será un momento en la vida mortal que nunca jamás olvidarán".

Un año después, tuve el privilegio de oficiar en su sellamiento. Cuando entré en el templo encontré en la sala de espera a Katie, la misionera de la Primaria, que ya tenía once años. No podía entrar en la sala de sellamientos pues no tenía la edad suficiente, pero estaba allí aguardando que su familia de conversos fuera sellada. La sala de sellamientos estaba llena de miembros del barrio. Cuando los tres niños de los Johnson se arrodillaron alrededor de ese altar y yo los sellé a sus padres, fue como si estuviéramos en un pedacito de cielo en la tierra, y todo ello se hizo posible gracias a una niñita que tomó muy en serio la asignación de un miembro del sumo consejo, inspirado y motivado, que tuvo la idea de que los niños también podían ser misioneros y le enseñó a Katie que ella podía compartir el Evangelio con otras personas.

Comités especiales

Algunas de las obras mejores y más interesantes que efectúan los consejos en estacas y barrios, son aquellas que llevan a cabo comités especiales creados para resolver asuntos e intereses específicos. Por ejemplo, una presidencia de estaca estaba haciendo frente a un dilema: sólo aproximadamente dos tercios de los jóvenes adultos solteros que vivían dentro de los límites de la estaca querían asistir al barrio de ese grupo en esa zona.

"Queríamos asegurarnos de que no se pasara por alto a nadie", dijo el presidente de la estaca, "y deseábamos brindar un buen programa a quienes no quisieran asistir al barrio de solteros".

Bajo la dirección del consejo de estaca, se formó un comité especial compuesto por la presidenta de la Sociedad de Socorro, la presidenta de las Mujeres Jóvenes y el presidente de los Hombres

Jóvenes de estaca; cuatro miembros del sumo consejo (cuyas respectivas responsabilidades abarcaban las organizaciones de Hombres Jóvenes, Mujeres Jóvenes, jóvenes solteros y Sociedad de Socorro de la estaca); el obispo, el presidente del quórum de élderes y la presidenta de la Sociedad de Socorro del barrio de jóvenes adultos solteros, y la presidencia de la estaca. En su primera reunión se presentó el problema y se les pidió a los miembros del comité que aportaran ideas, impresiones y observaciones sobre el barrio de jóvenes adultos solteros. El grupo también se refirió al número actual de miembros del barrio de JAS, al posible número de miembros y a los nombres de jóvenes que reunían los requisitos para llegar a ser miembros de esa unidad en los siguientes cuatro años.

"Tuve la impresión de que había información que se estaba compartiendo en ese grupo que nunca antes se había tratado", dijo el presidente de la estaca. "Se estaban analizando situaciones sobre las cuales los miembros del comité nunca habían tenido la oportunidad de expresarse, especialmente las hermanas presentes. Sabíamos que existía un problema, pero no teníamos ni idea de su magnitud hasta que formamos ese comité especial. De inmediato resultó claro que nuestras organizaciones de Sociedad de Socorro de barrio no sabían cómo servir a las hermanas de dieciocho años que se habían graduado de la secundaria pero que no deseaban asistir al barrio de jóvenes adultos solteros. Algunos padres se sentían frustrados e impotentes al ver que sus hijos estaban perdiendo interés en la Iglesia. Había obispos que estaban empujando a jóvenes solteros fuera de sus barrios, independientemente de que quisieran asistir al barrio del JAS o no. También había jóvenes que no tenían interés en asistir al barrio de jóvenes adultos solteros y que realmente deseaban asistir al barrio de su familia pero no sentían que había demasiado allí para ellos".

Como resultado de las deliberaciones, se hicieron asignaciones para comenzar a atender algunas de las necesidades más apremiantes de la estaca. Primero, se les pidió a todos los miembros del comité especial que repasaran el programa oficial de los jóvenes adultos solteros (véase *Manual 2*, sección 16) para determinar si las prácticas de la estaca coincidían con lo estipulado por la Iglesia en cuanto a ese programa. Se hizo una encuesta entre todos los obispos y presidentas de Sociedad de Socorro de barrio para averiguar qué estaban haciendo en sus respectivos barrios con relación a los jóvenes adultos solteros. La información que recabó el comité especial se presentó al consejo de estaca, donde un diálogo aún más franco llevó a la elaboración de un plan que coincidía plenamente con el programa de solteros de la Iglesia.

"Al ajustarnos al programa de la Iglesia, tuvimos que cambiar algunas de las formas de hacer las cosas a las que habíamos estado acostumbrados y eso resultó complicado hasta cierto punto", dijo el presidente. "Volví a reunirme con el obispo del barrio de jóvenes adultos solteros para repasar con él lo que sentíamos que el Señor deseaba que hiciéramos. Resolvimos algunos problemas y nos arrodillamos para hacer una oración y en pocos días contábamos con su pleno apoyo".

El plan propuesto se presentó entonces ante el consejo de obispos de la estaca para su voto de sostenimiento. Se expresaron preocupaciones y reservas, las cuales se resolvieron después de tratarlas todos juntos, tras lo cual los obispos apoyaron a la presidencia de la estaca y comenzaron a poner en práctica el programa aprobado.

El presidente de la estaca dijo: "Todos los miembros del comité especial y del consejo de estaca que participaron en el proceso tienen ahora un compromiso personal para con el programa de jóvenes adultos solteros y están ansiosos de verlo tener éxito. No estamos haciendo esto porque el presidente de estaca haya decidido que así es como debe ser, sino porque todos cuantos hicimos frente a los desafíos que tuvimos recibimos nuestro propio testimonio de que en nuestra estaca esto es lo que el Señor desea que hagamos".

El uso de los consejos para atender las necesidades de la estaca

Por más que trato, no puedo pensar en ningún problema o preocupación a que se enfrente cualquier estaca de Sión que no se pueda atender mediante las labores de los consejos de estaca. Cuando la presidencia de una estaca vio que existía la necesidad de mejorar el respeto hacia los edificios de la Iglesia así como la reverencia en las reuniones, el presidente y sus consejeros presentaron el asunto al consejo de estaca. "La reunión fue una sesión de intercambio de ideas, las cuales empezaron a fluir una tras otra", dijo el presidente. Entre las sugerencias que se presentaron en esa primera reunión de consejo, se encontraban las siguientes: un tema, "Respeto por nuestros edificios"; discursos sobre el tema en las reuniones sacramentales por parte de miembros del sumo consejo; consejos específicos a padres de niños, instándolos a tener cuidado con las cosas que llevaban a los edificios de la Iglesia para que sus pequeños comieran, pidiéndoles que enseñaran a sus hijos en cuanto a los conceptos de la reverencia y el respeto; mensajes para los boletines de barrio; e instrucciones a los obispos para que se centraran de otras maneras en la reverencia y el respeto en sus respectivos barrios.

Se hicieron asignaciones, y los miembros del consejo de estaca se pusieron a trabajar. Los miembros del sumo consejo empezaron a preparar sus mensajes; el secretario ejecutivo de la estaca informó a los obispos en cuanto al papel importante que ellos desempeñarían al recalcar la reverencia y el respeto en sus respectivos barrios. Un miembro del sumo consejo se puso en contacto con los encargados del boletín de cada barrio para que incluyeran en ellos recordatorios sobre el respeto y la reverencia. El presidente de los Hombres Jóvenes de la estaca se comunicó con los asesores del Sacerdocio Aarónico y les pidió que animaran a sus jóvenes a aceptar la responsabilidad de mantener sus respectivos edificios limpios los domingos. La presidenta de la Primaria de la estaca instó a las líderes de barrio a enseñar reverencia y respeto todas las semanas durante el tiempo para compartir en la Primaria. Se pidió a las presidencias de las Mujeres Jóvenes y de la Sociedad de Socorro que trabajaran con las hermanas a fin de alcanzar una mejor comprensión de lo que realmente es la reverencia.

"Los resultados de los esfuerzos del consejo de estaca han sido muy gratificantes", dijo el presidente de la estaca. "La reverencia ha aumentado; el respeto por nuestros edificios es más evidente, y los miembros, tanto jóvenes como adultos, están respondiendo al pedido del consejo de observar la reverencia y el respeto".

En otra estaca, el comité del Sacerdocio de Melquisedec jugó un papel fundamental en la actualización y el alcance del plan de preparación para emergencias a fin de lograr una mayor participación de parte de la comunidad, incluyendo personas de otras denominaciones religiosas. Los miembros del comité llevaron a cabo sesiones de capacitación, coordinaron esfuerzos de certificación de voluntarios por medio del departamento local de bomberos, y establecieron contacto con otras iglesias y organizaciones para solicitar su participación y apoyo.

"Las ideas, dirección y dinámica detrás de estos esfuerzos han sido el resultado de la sinergia e inspiración colectivas que se han hecho evidentes en las reuniones de nuestro comité del Sacerdocio de Melquisedec", dijo el presidente de la estaca. "Éste ha sido, para nosotros, un elemento muy eficaz en el logro de un número de objetivos en nuestra estaca".

Eso es precisamente lo que todo consejo de estaca puede y debe ser: un elemento eficaz en las manos de quienes "ministran a los que ministran" con el fin de lograr los objetivos de la estaca y la misión de la Iglesia.

La participación de hombres y de mujeres en los consejos de la Iglesia

Un sabio presidente de estaca u obispo verá a sus presidentes y presidentas de organizaciones auxiliares como líderes espirituales en vez de organizadores y planificadores de actividades sociales. A demasiadas mujeres líderes no se les utiliza ni se les valora lo suficiente, algunas veces debido a que los líderes del sacerdocio no llegan a entender cabalmente las contribuciones tan vitales que pueden hacer las hermanas. Ellas también llevan el manto de presidencia y han sido apartadas y bendecidas para colaborar con el sacerdocio en la tarea de traer a las mujeres y a sus familias a Cristo. Además de ello, las mujeres fieles y devotas son, generalmente, muy susceptibles a los susurros del Espíritu y pueden cumplir funciones singulares en fomentar la espiritualidad entre las mujeres, los niños y los jóvenes.

El presidente Boyd K. Packer, del Quórum de los Doce Apóstoles, ha recalcado la necesidad de que las mujeres fieles e inspiradas de la Iglesia hagan sentir su influencia en ella:

"Necesitamos mujeres que celebren la decencia y la calidad en todas las cosas, desde la moda y la vestimenta hasta asuntos sociales cruciales. Necesitamos mujeres que sean organizadas y mujeres que puedan organizar. Necesitamos mujeres con capacidad ejecutiva que puedan planear, dirigir y administrar; mujeres que puedan enseñar y mujeres que den a conocer su parecer. Existe una gran necesidad de mujeres que puedan recibir inspiración para enseñar y para cumplir con sus responsabilidades de liderazgo. Necesitamos mujeres que posean el don del discernimiento, que puedan observar las tendencias del mundo y detectar aquéllas que, aunque populares, sean frívolas y peligrosas. Necesitamos mujeres valientes que quieran aceptar posturas que tal vez no sean en absoluto populares, pero que sí sean correctas" ("Relief Society", pág. 8).

Hermanos, recuerden que el propósito de que las mujeres participen en nuestros consejos es obtener su aporte al tratar los asuntos más complejos de la Iglesia. También deben recordar que ellas están ansiosas de apoyarlos y ayudarlos a ustedes en el cumplimiento de la obra del Señor. Considero que los sentimientos de las hermanas están bien representados en este comentario de una ex presidenta de Sociedad de Socorro de estaca: "Si las líderes de las organizaciones auxiliares sienten que se les oye y se les considera como líderes espirituales legítimas, moverán cielo y tierra por los líderes del sacerdocio bajo cuya dirección ellas sirven".

En una reunión de consejo general de la Iglesia a la que asistí hace algunos años con las presidencias de las organizaciones auxiliares femeninas, las hermanas me comentaron que muy pocas mujeres en la Iglesia expresan interés alguno en llegar a poseer el sacerdocio, pero sí quieren que se les oiga y se les valore, y desean hacer contribuciones válidas a las estacas y a los barrios donde viven. Quieren servir a los miembros y al Señor y ayudar al logro de la misión de la Iglesia.

Un ejemplo de la importancia de la perspectiva de la mujer se produjo en una de tales reuniones cuando estábamos hablando sobre la dignidad de los jóvenes para servir en misiones. La hermana Elaine Jack, quien entonces servía como presidenta general de la Sociedad de Socorro, dijo: "Élder Ballard, las hermanas de la Iglesia tal vez tengan buenas sugerencias sobre cómo preparar mejor a los jóvenes para que sirvan en misiones, si se les pidiera que las dieran. Después de todo, somos sus madres". Las sugerencias de las hermanas pueden igualmente ser muy útiles en cuanto a la asistencia al templo y a muchos otros asuntos con los cuales tal vez batallen los líderes del sacerdocio.

El élder Quentin L. Cook compartió un relato que ilustra hermosamente esta verdad:

"Hace varios años asistí a una conferencia de estaca en la isla de Tonga. El domingo por la mañana las tres filas del frente en la capilla estaban ocupadas por completo por varones de 26 a 35 años de edad. Supuse que formaban parte de un coro masculino, pero cuando se trataron los asuntos de la conferencia, cada uno de esos hombres, 63 en total, se puso de pie al mencionarse su nombre, para ser todos sostenidos con miras a su ordenación al Sacerdocio de Melquisedec. Me sentí tanto complacido como asombrado.

"Después de la sesión le pregunté al presidente Mateaki, presidente de la estaca, cómo habían logrado tal milagro. Me dijo que en una reunión de consejo de estaca se estaba tratando el tema de la reactivación. La presidenta de la Sociedad de Socorro de la estaca, la hermana Leinata Va'enuku, preguntó si se le permitiría hacer un comentario. Al hablar, el Espíritu le confirmó al presidente que lo que esa hermana estaba sugiriendo era verdad. Ella explicó que había un grupo numeroso de magníficos jóvenes de alrededor de 30 años de edad en la estaca que no habían servido en misiones. Comentó que muchos de ellos sabían que habían decepcionado a sus obispos y líderes del sacerdocio que les habían aconsejado firmemente que sirvieran en una misión, y por no haberlo hecho, ahora ellos se sentían desplazados en la Iglesia. Señaló que esos jóvenes ya habían pasado la edad de salir en una misión y expresó su amor y preocupación por ellos, agregando que todas las ordenanzas de salvación aún estaban a disposición de ellos, por lo que los líderes debían centrarse en que fueran ordenados al sacerdocio mayor y recibieran las ordenanzas del templo. Dijo que a pesar de que algunos de esos jóvenes seguían solteros, la mayoría de ellos se habían casado con mujeres maravillosas... algunas de ellas activas, algunas inactivas y otras que no eran miembros de la Iglesia.

"Tras detenida consideración del consejo de estaca, se decidió que los hombres del sacerdocio y las mujeres de la Sociedad de Socorro irían al rescate de esos jóvenes y sus esposas, mientras que los obispos dedicaban más de su tiempo a la juventud de sus respectivos barrios. Aquellos que participaron en el rescate se concentraron primordialmente en prepararlos para el sacerdocio mayor, el matrimonio eterno y las ordenanzas de salvación del templo. Durante los dos años siguientes, casi todos los 63 jóvenes que fueron sostenidos para recibir el Sacerdocio de Melquisedec en la conferencia de estaca a la que asistí, fueron investidos en el templo y sus respectivas esposas fueron selladas a ellos. Este acontecimiento es tan sólo un ejemplo de cuán importantes son nuestras hermanas en la obra de salvación en nuestros barrios y nuestras estacas, y cómo ellas facilitan la revelación, especialmente en los consejos familiares y de la Iglesia" ("¡Las mujeres SUD son asombrosas!", *Liahona*, mayo de 2011, pág. 18).

Nuevamente, hermanos, por favor asegúrense de buscar las opiniones tan esenciales de las hermanas en los consejos de la Iglesia. Insten a todos los miembros de consejos a compartir sus sugerencias e ideas de cómo la estaca o el barrio puede ser más eficaz en ayudar a la gente a "venir a Cristo". Para ser más eficaces, las mujeres deben aprender a trabajar eficientemente con los hermanos y bajo la dirección del sacerdocio. Hermanas, prepárense tanto mental como espiritualmente para tratar las necesidades de quienes se encuentren dentro de su mayordomía. Sean audaces; sean sensibles; tengan confianza en presentar asuntos y preocupaciones de peso en las reuniones de consejo. Ustedes tienen el mismo derecho a sus opiniones y a la inspiración que cualquier otro miembro del consejo. El líder del sacerdocio al cual ustedes rinden informe se sentirá más fortalecido de lo que se imaginan al oír lo que ustedes tengan para decir. En muchos casos, ustedes verán las necesidades y las preocupaciones de las mujeres, los jóvenes, los niños y las familias con más empatía y compenetración de lo que podrían hacerlo sus líderes del sacerdocio. Por medio de la oración, señalen problemas y sugieran soluciones. Después, con otros líderes, estén dispuestas a apoyar y seguir el consejo de quienes poseen las llaves de administración del sacerdocio en su área. Sean sensibles al hecho de que la decisión final en estos asuntos descansa en el obispo o el presidente de estaca. Hay veces que miembros de consejo bien intencionados se sienten ofendidos cuando sus ideas no se tienen en cuenta; a veces hasta llegan a adelantarse a sus líderes. En todos los niveles de gobierno de la Iglesia, todos se benefician al apoyar y seguir a quienes poseen las llaves de autoridad. Tanto las mujeres como los varones deben entender y poner en práctica el sentido común y el debido equilibrio al deliberar en consejos.

El presidente Howard W. Hunter a menudo se refirió a la fuerza y al poder que se crea cuando hombres y mujeres combinan sus esfuerzos, su fe y su testimonio, y cuando trabajan juntos en provecho de aquellos a quienes sirven. Él dijo que "nosotros, los siervos del Señor en toda la Iglesia, necesitamos que ustedes, las mujeres de la Iglesia, estén junto a nosotros para tratar de contener la marea de maldad que amenaza con envolvernos" (véase "A las mujeres de la Iglesia", Liahona, enero de 1993, pág. 107).

Tal vez debamos ver las respectivas contribuciones de hombres y mujeres de este modo: Sin duda habrán visitado alguna vez a un oftalmólogo para que les hiciera un examen de la vista. En el proceso de determinar si la visión del paciente es correcta, el médico, por lo general, le pedirá que mire a través de distintos lentes en una máquina, algunos de los cuales son borrosos. De vez en cuando, el médico se dará cuenta de que el paciente ve mejor de un ojo que del otro. Sólo cuando él puede determinar la graduación exacta de ambos ojos, la visión del paciente se corregirá de manera precisa.

De un modo bastante parecido, los hombres y las mujeres se expresan de una manera distinta y suelen tener destrezas, talentos y puntos de vista diferentes. Cuando cualquiera de los puntos de vista se analiza en forma aislada, es posible que la imagen resulte borrosa, unidimensional, o de algún modo distorsionada. Sólo cuando se combinan ambas perspectivas, la figura se ve equilibrada y completa. El hombre y la mujer son igualmente valiosos en la obra continua del reino del Evangelio.

CAPÍTULO 5

LOS CONSEJOS DE BARRIO Y DE RAMA

Hace algunos años, una hermana de nombre Fawn y su madre se mudaron a un nuevo barrio. Fawn era una mujer amorosa y fiel que había criado magníficamente a su familia sin la ayuda de un marido, mas ahora hacía frente a un terrible enemigo que tal vez no podría doblegar: el cáncer. Cuando se mudó a su nuevo barrio, era muy poco lo que podía hacer por sí misma; su madre trataba de ayudarla, pero sus propios problemas de salud y su edad no le permitían hacer todo cuanto era menester. Necesitaban ayuda, pero sus recursos económicos eran limitados. A medida que la condición de Fawn fue deteriorándose, la situación de la familia se volvió extrema.

Al momento en que Fawn y su madre se mudaron a esa casa, los miembros del consejo del barrio estaban en el proceso de reevaluar su eficacia colectiva. "Nos dimos cuenta de que habíamos estado dedicando la mayor parte de nuestro tiempo a correlacionar actividades, a programar el calendario y a recibir informes de maestros orientadores y maestras visitantes", dijo el obispo. "También comprendimos que debíamos pasar más tiempo en determinar cómo podíamos llevar las bendiciones del Evangelio a la vida de nuestros miembros".

Cuando el consejo del barrio se enteró de Fawn y de los

problemas a los que se enfrentaba, el Espíritu obró sobre los miembros del consejo, tanto en forma colectiva como individual. "Ésta pareció ser la oportunidad perfecta para poner en práctica las cosas que habíamos estado aprendiendo sobre ministrar por medio de los consejos", dijo el obispo. "En vez de que se mencionara en forma casual, la situación de Fawn pasó a ser el tema central de las deliberaciones del consejo. Como consejo de barrio sentimos que podíamos ofrecer la ayuda que ella necesitaba para hacer frente a los desafíos que supone el vivir con cáncer".

Durante sus reuniones, los miembros del consejo a menudo se volvían a las enseñanzas del Salvador en el capítulo veinticinco de Mateo:

"Cuando el Hijo del Hombre venga en su gloria y todos los santos ángeles con él, entonces se sentará sobre el trono de su gloria.

"Y serán reunidas delante de él todas las naciones; entonces apartará los unos de los otros, como aparta el pastor las ovejas de los cabritos.

"Y pondrá las ovejas a su derecha, y los cabritos a la izquierda.

"Entonces el Rey dirá a los que estén a su derecha: Venid, benditos de mi Padre, heredad el reino preparado para vosotros desde la fundación del mundo.

"Porque tuve hambre, y me disteis de comer; tuve sed, y me disteis de beber; fui forastero, y me recogisteis;

"estuve desnudo, y me cubristeis; enfermo, y me visitasteis; estuve en la cárcel, y vinisteis a mí.

"Entonces los justos le responderán, diciendo: Señor, ¿cuándo te vimos hambriento y te sustentamos?, ¿o sediento y te dimos de beber?

"¿Y cuándo te vimos forastero y te recogimos?, ¿o desnudo y te cubrimos?

"¿O cuando te vimos enfermo o en la cárcel, y fuimos a verte?

"Y respondiendo el Rey, les dirá: De cierto os digo que en cuanto lo hicisteis a uno de éstos, mis hermanos más pequeños, a mí lo hicisteis" (Mateo 25:31–40).

Como resultado de sus deliberaciones, los miembros del consejo de barrio decidieron que ayudarían a Fawn y a su madre de formas significativas. La Sociedad de Socorro les llevaban comidas; las Mujeres Jóvenes les escribían tarjetas y notas y, de vez en cuando, les limpiaban la casa y les llevaban flores frescas. Los Hombres Jóvenes se encargaban del cuidado del jardín, y los quórumes del sacerdocio, conjuntamente con los maestros orientadores de Fawn, se ofrecieron para limpiar los alrededores de la casa, llevarles la Santa Cena y darles bendiciones.

"Esto sucedió por varios meses, y durante ese tiempo, muchos de los miembros de nuestro barrio vinieron para expresarme su agradecimiento por la gran bendición de ayudar a esas dos hermanas", dijo el obispo. "Por medio de ellas, todos sentimos la dicha que se recibe al dar servicio compasivo en el reino del Señor".

Cuando Fawn falleció, su madre se refirió con gran emoción y agradecimiento al bondadoso y generoso servicio que brindaron los líderes y los miembros del barrio. En una de las últimas conversaciones que Fawn había tenido con el obispo, le comentó que nunca había vivido en un barrio en el que la hubieran amado de una manera tan especial: a la manera del Señor.

El obispo dijo: "Como miembros del consejo, todos nos sentimos impresionados con la forma tan maravillosa como el plan de ministración del Señor provee de lo necesario a Sus hijos. Bajo la dirección del Espíritu, el consejo hizo recomendaciones en cuanto a las medidas que se habrían de tomar para brindarle servicio amoroso a Fawn. Tras experimentar la dichosa satisfacción que proviene de deliberar juntos de modo tan singular, no creo que ninguno de quienes formábamos parte de ese consejo de barrio jamás podría volver a tratar asuntos de calendario y de correlación en las reuniones de consejo, como solíamos hacerlo".

Con el correr de los últimos años, he llegado a enterarme de que tales circunstancias se repiten una y otra vez a medida que obispos y miembros de consejos de barrio captan la visión de deliberar en forma conjunta. Prácticamente no hay ningún problema en la familia, el barrio o la estaca que los líderes eclesiásticos no puedan entender y solucionar mejor cuando éstos buscan soluciones a la manera del Señor. Cuando ellos hacen uso prudente de los comités y los consejos, se llega a bendecir vidas. Tal es particularmente el caso a nivel de barrio o rama, en donde los líderes están en condiciones de influir a diario en el bienestar eterno de las familias y las personas. Las organizaciones auxiliares son gigantes adormecidos en la gran tarea de perfeccionar a los santos, particularmente en lo que tiene que ver con el fortalecimiento del hogar. Si bien los padres tienen la responsabilidad primordial de proporcionar liderazgo en la familia y nunca se les podrá remplazar en esa función, es mucho lo que las organizaciones auxiliares y los programas de la Iglesia aportan para apoyar y fortalecer a la familia.

Como lo mencioné antes, yo presté servicio como obispo en dos ocasiones. Al escribir este libro, he reflexionado repetidamente en aquellos días. Los miembros del consejo de mi barrio fueron una enorme fuente de ayuda para mí. Las hermanas que dirigían la Sociedad de Socorro, las Mujeres Jóvenes y la Primaria ejercieron una influencia perdurable en la vida de las mujeres, las jovencitas y los niños del barrio gracias a su fortaleza espiritual y a su profundo amor por el Evangelio.

Me resultaría imposible contar los numerosos actos de servicio que esas amadas hermanas brindaron a los miembros del barrio. No era poco común que mis consejeros y yo visitáramos a miembros del barrio que estaban enfermos y nos enteráramos de que las hermanas de la Sociedad de Socorro ya habían estado allí y les habían dejado la cena para la familia. Además de las miles de comidas servidas, no me es posible contar el número de familias que se beneficiaron con sabios consejos o que se vieron espiritualmente fortalecidas por las hermanas que sólo deseaban ayudar. El magnífico trabajo de las mujeres de la Iglesia es vital. Miles de niños y niñas han visto sus testimonios fortalecerse y su ánimo crecer gracias a la labor de fieles hermanas líderes. Por ejemplo, supongo que muchos recordaremos a esa maestra o líder especial de la Primaria que nos ayudó a memorizar los Artículos de Fe. Debemos valorar y nunca pasar por alto la enorme contribución que hacen las mujeres de la Iglesia, así como esforzarnos continuamente por apoyar a los líderes del sacerdocio en nuestros barrios y nuestras estacas.

En el contexto de lo que estamos tratando, haré un breve repaso de algunos de los comités y consejos que deberían funcionar a nivel de barrio:

El *Comité ejecutivo del sacerdocio de barrio* consiste en el obispado, el líder de grupo de sumos sacerdotes, el presidente del quórum de élderes, el líder misional, y el presidente de los Hombres Jóvenes. El obispo preside y dirige las reuniones del comité, a las cuales también asisten el secretario ejecutivo y el secretario de barrio. En ocasiones, el obispo puede invitar a la presidenta de la Sociedad de Socorro a asistir a reuniones del CES "para analizar asuntos confidenciales de Bienestar y coordinar las asignaciones de la orientación familiar y de las maestras visitantes" (*Manual 2*: 4.3).

Cuando se introdujo el programa de correlación de la Iglesia en 1963, el élder Harold B. Lee explicó en una conferencia general que se debía poner énfasis en "las responsabilidades de la totalidad del sacerdocio de 'velar por la Iglesia' como se manda en las primeras revelaciones, para interesarse en la familia entera como grupo y no como personas en forma individual". También anunció que debía establecerse un "comité de orientación familiar de barrio" en cada una de tales unidades de la Iglesia, y que sus miembros "constituirían el núcleo de aquellos que ahora saldrán a 'velar por la Iglesia'" ("The Correlation Program", págs. 504–505). Este comité más tarde se llegó a conocer como el comité ejecutivo del sacerdocio de barrio (*Priesthood Home Teaching Handbook*).

Puesto que los líderes del sacerdocio tienen un mandato del Señor de velar por todos los hijos de nuestro Padre Celestial que se encuentran bajo su supervisión, es necesario que se reúnan regularmente a fin de cumplir con su llamamiento tan especial. Los líderes del sacerdocio tienen que esforzarse para llegar a estar tan bien informados como lo están las hermanas de la Sociedad de Socorro en cuanto a asuntos personales críticos que afectan a los miembros del barrio y de los quórumes. El consejo ejecutivo del sacerdocio se reúne regularmente bajo la dirección del obispo para considerar las necesidades espirituales de todas las personas que residen dentro de los límites del barrio. Con frecuencia, se tratan asuntos delicados que requieren confidencialidad. Como en todos los demás consejos, los miembros del consejo ejecutivo del sacerdocio deben hacer todo lo posible para proteger tal carácter privado cuando rinden informes y hacen asignaciones.

El *comité del obispado para la juventud* debe reunirse mensualmente y está integrado por el obispo, uno de los ayudantes del presidente del quórum de presbíteros, los presidentes de quórum de maestros y diáconos, las presidentas de clase y la presidenta de las Mujeres Jóvenes y el presidente de los Hombres Jóvenes. Si bien el objetivo principal de este comité es planear y coordinar los programas de la juventud, el énfasis siempre debe ser la activación y las oportunidades para que los jóvenes tengan experiencias de servicio y crecimiento espiritual.

El *consejo de barrio* lo constituyen los miembros del comité ejecutivo del sacerdocio y los presidentes y las presidentas de la Sociedad de Socorro, la Escuela Dominical, los Hombres Jóvenes, las Mujeres Jóvenes y la Primaria de barrio. El obispo puede invitar a otras personas a asistir según lo considere necesario. El consejo de barrio se reúne por lo menos mensualmente, pero puede hacerlo con más frecuencia cuando existan necesidades especiales, para repasar el progreso del barrio en cuanto a una variedad de asuntos que tengan que ver con los miembros del barrio y la comunidad. Ninguna reunión que se programe en forma adicional debería remplazar las reuniones de la presidencia de estaca, del obispado ni del comité ejecutivo del sacerdocio.

El *Manual de la Iglesia* indica que "los miembros del consejo de barrio realizan casi toda su obra fuera de las reuniones de dicho consejo. Trabajan con sus consejeros y con los maestros orientadores, las maestras visitantes y otras personas, para tender una mano y ministrar a los miembros de sus organizaciones y a otras personas que necesiten ayuda.

"Los miembros del consejo de barrio se esfuerzan por estar informados de las necesidades, del bienestar y del progreso espiritual de los miembros de sus organizaciones. También se mantienen informados sobre los miembros que se enfrentan a problemas especiales o a circunstancias variables. Esta información les permite fortalecer a quienes más precisan su ayuda; al mismo tiempo, respetan la privacidad de las personas y de las familias. Sólo el obispo trata los asuntos de dignidad personal" (*Manual 2:*4.5.1).

El *Manual* también deja en claro que "los miembros del consejo de barrio trabajan conjuntamente para edificar fortaleza espiritual y unidad en el barrio. El consejo de barrio también supervisa el planeamiento de las actividades del barrio. Las actividades se deben planear para cumplir con objetivos centrados en el Evangelio" (4.5.2).

En forma adicional, "bajo la dirección del obispo, el consejo de barrio elabora un plan misional de barrio" (5.1.8) y con regularidad delibera "sobre cómo mejorar el aprendizaje y la enseñanza del Evangelio en el barrio" (5.5.2).

A mi manera de ver, el trabajo del consejo de barrio es absolutamente esencial para que el funcionamiento espiritual, social y físico del barrio tenga éxito. Eso hace que la reunión del consejo de barrio sea una de las más importantes en la Iglesia, ya que los líderes de quórum del sacerdocio y de las organizaciones auxiliares pueden tratar y planear con el obispado las tareas que se deben efectuar en el curso de las siguientes semanas. Los líderes pueden entonces estar en contacto entre sí con la frecuencia que sea necesaria para contribuir al logro de los objetivos y las metas del consejo. De todos los consejos y comités de la Iglesia, considero que el consejo de barrio puede llegar a tener el impacto más grande en el cometido de ayudar a los hijos de nuestro Padre Celestial. Si este libro logra ayudar a los obispos y presidentes de rama a entender el poder del consejo de barrio o de rama y a utilizar sus consejos para llevar a cabo la obra del Señor, entonces mis esfuerzos en escribirlo bien habrán valido la pena.

Responsabilidades de los miembros del consejo de barrio

Nunca se podrá exagerar la función crucial que tiene el consejo de barrio de ayudar a que los miembros de la unidad tengan éxito en lograr la misión de la Iglesia. Sólo basta con echar una mirada alrededor de la mesa que ocupa el consejo para ver a dos líderes que poseen llaves del sacerdocio (el obispo y el presidente del quórum de élderes) y a otros que son llamados con la responsabilidad de presidir sus respectivas organizaciones. Al considerar los objetivos y propósitos de tales organizaciones, uno empieza a vislumbrar el potencial del consejo de barrio de influir con gran poder.

La presidenta de la Primaria, por ejemplo, aporta al consejo un enfoque muy específico. En lo que respecta a su servicio en la Iglesia, todos sus pensamientos y cada una de sus oraciones se centran en los niños del barrio. La presidencia general de la Primaria de la Iglesia ha declarado que el propósito de la Primaria es enseñar el evangelio de Jesucristo a los niños y ayudarlos a aprenderlo y a vivirlo. Los objetivos de la Primaria son enseñar a los niños que ellos son hijos de Dios y que nuestro Padre Celestial y Jesucristo los aman; ayudar a los niños a aprender a amar a nuestro Padre Celestial y a Jesucristo; ayudar a los niños a prepararse para ser bautizados, para recibir el Espíritu Santo y a guardar sus convenios bautismales; ayudar a los niños a entender mejor el plan del Evangelio y ofrecerles oportunidades de vivir sus principios, ayudar a los varones a prepararse para recibir el sacerdocio y a ser dignos de usar sus poderes para servir a los demás; y ayudar a las niñas a prepararse para ser jovencitas rectas, entender las bendiciones del sacerdocio y servir a otras personas (véase *Instructions for Priesthood and Auxiliary Leader son Primary,* pág. 1*).* Resulta fácil ver cómo esa perspectiva podría ser de beneficio para el consejo de barrio cuando se les pide a sus miembros que consideren un asunto que influiría en los niños o en uno de ellos en particular o en una familia con niños que viva dentro de los límites del barrio, fueran ellos miembros o no.

Los demás miembros del consejo de barrio están igualmente enfocados en sus responsabilidades. La presidenta de la Sociedad de Socorro está familiarizada con todas las hermanas del barrio mayores de dieciocho años. De acuerdo con la presidencia general de la Sociedad de Socorro, ella representa una organización que tiene la finalidad "de ayudar a las mujeres y las familias a venir a Cristo y de colaborar con los quórumes del sacerdocio en el logro de la misión de la Iglesia". Mediante capacitación y revelación personal, la presidenta de la Sociedad de Socorro está dedicada a hacer todo cuanto le sea posible para ayudar a las hermanas a forjar un testimonio personal, a desarrollar y ejercer la caridad, a fortalecer a sus familias, gozar de estrecha hermandad y participar plenamente de las bendiciones del templo a medida que se esfuerzan por ser una bendición en la vida de cada una de las mujeres del barrio.

La presidenta de las Mujeres Jóvenes de barrio centra su devota atención en las jovencitas de doce a dieciocho años de edad. Según la presidencia general de las Mujeres Jóvenes, esa hermana tiene la responsabilidad de "contribuir a la preparación de cada jovencita para hacerse digna de hacer y guardar convenios sagrados y de recibir las ordenanzas del templo". Las potentes e inspiradoras palabras del lema de las Mujeres Jóvenes proporcionan una reseña excelente de la perspectiva que la presidenta de las Mujeres Jóvenes aporta al consejo: "Somos hijas de un Padre Celestial que nos ama y nosotras lo amamos a Él. Seremos 'testigos de Dios en todo tiempo, en todas las cosas y en todo lugar . . .' a medida que procuremos vivir de acuerdo con los valores de las Mujeres Jóvenes, que son: fe, naturaleza divina, valor individual, conocimiento, elección y responsabilidad, buenas obras, integridad, y virtud. Creemos que al aceptar y poner en práctica estos valores, estaremos preparadas para fortalecer el hogar y la familia, hacer convenios sagrados y cumplirlos, recibir las ordenanzas del templo y gozar de las bendiciones de la exaltación" (*Manual 2*:10.1.2).

En el consejo de barrio también está el presidente de los Hombres Jóvenes cuya atención, en el servicio que presta, se centra en los jovencitos del barrio que tienen de doce a dieciocho años de edad. Él y sus consejeros colaboran con la presidencia del Sacerdocio Aarónico del barrio (o sea, el obispado) en la administración del programa del Sacerdocio Aarónico del barrio, proporcionando también liderazgo en el programa scout. La misión del Sacerdocio Aarónico es ayudar a cada joven a:

1. Convertirse al evangelio de Jesucristo y vivir según sus enseñanzas.
2. Servir fielmente en los llamamientos del sacerdocio y cumplir las responsabilidades de los oficios en el sacerdocio.
3. Prestar servicio significativo.
4. Prepararse y vivir dignamente para recibir el Sacerdocio de Melquisedec y las ordenanzas del templo.
5. Prepararse para servir en una misión honorable de tiempo completo.
6. Obtener la mayor instrucción académica posible.
7. Prepararse para llegar a ser un esposo y padre digno.
8. Dar el debido respeto a las mujeres, a las mujeres jóvenes y a los niños.

(*Manual 2*:8.1.3)

Los líderes del Sacerdocio de Melquisedec que forman parte del consejo de barrio —el líder del grupo de sumos sacerdotes y el presidente del quórum de élderes— son responsables del bienestar temporal y espiritual de los hombres a quienes presiden. Gran parte de la labor que se lleva a cabo entre las familias del barrio y que en estos momentos cumplen nuestros obispos, bien la podrían efectuar los líderes de quórum y de grupo, quienes tienen el deber de seguir el ejemplo del Salvador de un liderazgo recto. Cuando los líderes del sacerdocio dirigen como el Señor lo hizo, deben ayudar a los miembros a tener un amor más grande por Dios el Padre y por Su Hijo; a desarrollar más amor por los demás; a compartir el Evangelio, a hacer la obra del templo e historia familiar, a servir sin esperar nada a cambio, a ayudar al pobre y al necesitado y ministrar al solitario y al afligido; a recibir las ordenanzas y hacer convenios con el Señor que los conducirán a la vida eterna; a obedecer los mandamientos; a llegar a ser más humildes, a arrepentirse y perdonar; a orar y estudiar las Escrituras a diario; a asistir a las reuniones de la Iglesia con regularidad y a tomar la Santa Cena dignamente; a lograr autosuficiencia espiritual, emocional y temporalmente; y asistir al templo con regularidad (véase *Melchizedek Priesthood Leadership Handbook,* págs. 1–2).

También integra el consejo el líder misional del barrio, quien se concentra en aquellas personas que no son miembros de la Iglesia y viven dentro de los límites de la unidad. Tiene también el sagrado deber de ayudar a los miembros del barrio a cumplir con sus responsabilidades misionales; coordina el trabajo con los misioneros de tiempo completo y vela por el hermanamiento de los nuevos conversos.

El presidente de la Escuela Dominical es también parte del consejo de barrio, y tiene responsabilidad sobre todo lo concerniente a la enseñanza del Evangelio en el período de la Escuela Dominical en el programa integrado de reuniones.

Conjuntamente con el obispo, estos líderes del consejo de barrio constituyen un grupo inspirado de hombres y mujeres que tienen el mandato de ser una bendición en la vida de cada persona —hombre o mujer, padre o hijo, miembro o no miembro— que viva dentro de los límites del barrio. Como resultado de sus llamamientos individuales, cada uno tiene derecho a recibir inspiración para sus respectivas áreas de responsabilidad. Además, como padres y madres, vecinos y amigos, cada uno posee una perspectiva única de las necesidades particulares del barrio y de sus miembros.

Cómo emplear los consejos del barrio para bendecir la vida de las personas y las familias

Cuando los líderes del barrio se valen plenamente del inspirado sistema de consejos y centran los esfuerzos de los quórumes y de las organizaciones auxiliares en mejorar el bienestar espiritual y temporal de los miembros del barrio, suceden milagros en la vida de las familias y de cada persona. Sin embargo, esos milagros pueden ocurrir únicamente en la medida en que los hombres y las mujeres que sirven en los quórumes y en las organizaciones auxiliares de la Iglesia estemos preparados para trabajar juntos. Nos encontramos en el mandato del Señor al servir a Sus hijos. Con tal fin, tengo tres sugerencias específicas que, si se aplican, nos podrán ayudar a todos a funcionar más eficazmente como miembros de los consejos de la Iglesia, tanto a nivel de barrio como de estaca.

Primero, céntrense en las cosas fundamentales. Asegúrense de que se enseñe la doctrina pura, permaneciendo dentro del contenido de los materiales de estudio aprobados. Cíñanse a los manuales recomendados, y estudien y mediten las Escrituras en forma personal y como familia. En un mundo atormentado por el conflicto y la confusión, la verdad revelada brinda paz y seguridad.

Una presidencia de estaca con la que estoy familiarizado, se llegó a conocer por dar a los líderes en la estaca la instrucción de emplear las Escrituras como su texto básico de estudio del Evangelio. Ellos mismos practicaban lo que predicaban, utilizando siempre las Escrituras como la base de sus capacitaciones y enseñanzas. Un año, al prepararse para las conferencias de barrio, invitaron a los miembros adultos de cada barrio a hacerles llegar de antemano preguntas sobre el Evangelio. En cada conferencia de barrio, en la clase de Doctrina del Evangelio de la Escuela Dominical, guiaron a los miembros en un ejercicio de encontrar pasajes de las Escrituras que respondieran a cada pregunta, demostrando el poder de hallar respuestas para problemas personales en la palabra revelada de Dios.

Todas las semanas en la Iglesia, tanto mujeres como hombres hablan en reuniones sacramentales, enseñan lecciones, y tratan de ayudar a quienes asisten a las reuniones de la Iglesia a sentirse nutridos por la buena palabra de Dios. Las mujeres tienen la responsabilidad de trabajar hombro a hombro con los líderes del sacerdocio para ver que todo hombre, mujer y niño esté creciendo espiritualmente. Tal como el presidente Spencer W. Kimball les dijo a las mujeres: "Sean cuales sean sus circunstancias particulares, al irse familiarizando con las verdades de las Escrituras, serán cada vez más eficaces en guardar el segundo grande mandamiento de amar al prójimo como a ustedes mismas. Lleguen a ser entendidas en las Escrituras, no para disminuir a otras personas, sino para elevarlas. Después de todo, ¿quién tiene más necesidad de atesorar las verdades del Evangelio (a las cuales pueden recurrir en momentos de necesidad) que las mujeres y las madres que tanto nutren y enseñan?" (véase "El papel de las mujeres justas", *Liahona,* enero de 1980, pág. 167).

Hace algunos años, un consejo de barrio del cual yo era miembro, se enteró del caso de una madre sola menos activa que vivía en nuestra unidad. Sus tres hijos adolescentes —una hija de dieciocho, un hijo de dieciséis y otro de trece— eran también menos activos. Tras detenida consideración sobre cómo los miembros del consejo podrían dar una mano de ayuda a esa familia, se consideró que si Gary, el hijo mayor, volviera a la actividad en la Iglesia, eso podría hacer que la familia entera siguiera sus pasos.

El consejo, como grupo, ayunó y oró en favor de aquella familia al siguiente domingo de ayuno. El presidente de los Hombres Jóvenes aceptó la asignación de trabajar con Gary mientras los demás miembros del consejo crearon oportunidades de hermanar a la madre y a sus otros dos adolescentes.

Con el permiso de la madre y durante varios meses, todos los domingos por la mañana el presidente de los Hombres Jóvenes iba a la casa de esa familia para literalmente persuadir a Gary que se levantara y fuera a la iglesia. Lo llevaba de regreso a su casa después de las reuniones y se quedaba a conversar por un momento. El espíritu del Evangelio comenzó a sentirse en ese hogar.

Mediante esos esfuerzos y las visitas de la presidencia de la Sociedad de Socorro y de las maestras visitantes, la madre se sintió conmovida, empezó a asistir a la Sociedad de Socorro y después a las otras reuniones. A la hija le presentaron a otras jóvenes adultas solteras del barrio con quienes hizo nuevas amistades.

El muchacho de trece años tenía serios problemas de adicción, pero en el transcurso de uno o dos años, encontró las fuerzas para superarlos y se reactivó por completo en la Iglesia.

Por medio de la ayuda del Señor y de la guía del Espíritu Santo en sus esfuerzos, los miembros del consejo de barrio experimentaron la dicha de ver a esa familia volver a la plena actividad en la Iglesia.

En otro barrio, la falta de reverencia parecía ir en aumento, particularmente en la capilla, antes de las reuniones. El obispo pidió a los miembros del consejo del barrio que aportaran ideas para mejorar en ese aspecto. Un tanto vacilante, la presidenta de la Primaria alzó la mano. "Bueno", dijo, "hay una persona en particular que regularmente se muestra muy sociable en la capilla antes y después de la reunión sacramental, y eso causa bastante distracción".

El obispo no había notado que nadie fuera particularmente efusivo en la capilla, pero se ofreció a hablar con esa persona sobre el asunto, así que le pidió a la hermana que le dijera de quién se trataba.

Ella respiró hondo y dijo: "Es usted, obispo. Yo sé que lo único que trata de hacer es acercarse a la gente y saludar a todos los que vienen a la reunión sacramental, pero cuando los demás lo ven ir de un lado a otro en la capilla, hablando con las personas durante el preludio musical, tal vez suponen que está bien que ellos hagan lo mismo".

Cuando los demás miembros del consejo de barrio asintieron con la cabeza indicando que estaban de acuerdo, el obispo agradeció a la hermana y pidió recomendaciones. El consejo entonces decidió que el obispado entero ocuparía sus respectivos lugares en el estrado cinco minutos antes del comienzo de la reunión sacramental para dar un buen ejemplo de reverencia en la capilla. Durante un período de seguimiento poco tiempo después, los miembros del consejo indicaron unánimemente que el sencillo plan había dado buenos resultados y que la reverencia en la reunión sacramental había mejorado considerablemente.

Aun en otro barrio, el obispado estaba preocupado por el aumento repentino en actividades por parte de pandillas en la comunidad. En particular, los líderes de tales grupos delictivos se estaban acercando a algunos de los jóvenes del barrio con el interés de persuadirlos a unirse a ellos. Los padres y los líderes eclesiásticos se mostraban alarmados ante ese problema que, hasta ese momento, era algo de lo que sólo habían oído en los noticieros de televisión. Cuando se presentó el tema en una reunión de consejo de barrio, se generó un intercambio saludable y dinámico. A lo largo de un período de varias semanas —durante el cual los líderes de los Hombres Jóvenes y las Mujeres Jóvenes cumplieron con asignaciones de averiguar más sobre el asunto— el consejo formuló un plan de acción que abarcaba llevar a cabo charlas fogoneras especiales con los jóvenes, proporcionar capacitación a los padres, programar entrevistas con los jóvenes y llevar a la práctica un esfuerzo en todo el barrio para preparar mejor a la juventud para hacer frente a las presiones de las pandillas. Aunque no hubo una solución rápida para el problema, con el paso del tiempo todos los jóvenes que habían estado considerando la idea de unirse a alguna pandilla, volvieron a la plena actividad en el barrio.

Segundo, céntrense en las personas y no en los programas. Si bien debe haber un momento y un lugar para coordinar programas, demasiadas reuniones de consejo empiezan y terminan allí. En vez de dar oído a toda una letanía de planes e informes, el consejo debería dedicar la mayor parte del tiempo a ocuparse de puntos tales de la agenda como la integración de nuevos miembros, reactivación, inquietudes relacionadas con la juventud, problemas económicos de miembros en particular y las necesidades de madres solas y de las viudas. Cuando se dan informes de organización, se les debe considerar a la luz de cómo tales actividades servirán para satisfacer las necesidades de la gente.

Un obispo me informó que el principal punto de enfoque de sus reuniones de consejo era la gente. "Por lo general nos centramos en algunas familias que podrían beneficiarse si se les prestara un poco más de atención particular, y todas las organizaciones aportan ideas", dijo.

Una de las familias que formó parte de ese esfuerzo, consistía en los padres, tres adolescentes (dos jovencitas y un joven), y dos niños en edad de Primaria. Los padres eran miembros de las Iglesia, pero la familia entera había sido menos inactiva desde que se habían mudado al vecindario siete años antes. Como resultado del enfoque del consejo de barrio en esa familia, se presentaron varias iniciativas en beneficio de ella por parte de la Primaria, las Mujeres Jóvenes, los Hombres Jóvenes, la Sociedad de Socorro, el quórum de élderes y el obispado, entre las que se incluían visitas, llamadas telefónicas, invitaciones especiales a actividades y a una actividad conjunta de los Hombres Jóvenes y de las Mujeres Jóvenes del barrio, la cual se dispuso específicamente teniendo en cuenta los intereses de las dos hijas y su madre.

"Este proceso se extendió por unos siete meses, hasta que la familia se mudó", dijo el obispo. "En ese momento, el padre estaba mucho más interesado en la Iglesia y se estaba preparando para bautizar a sus hijos menores. Las dos jovencitas eran activas y una de ellas servía en la presidencia de la clase de Abejitas. Como familia, habían logrado suficiente impulso hacia la actividad en la Iglesia, y yo tuve el placer de informar a su nuevo obispo en cuanto al progreso que habían alcanzado".

Como resultado de ese tipo de experiencias, el obispo dijo que "el consejo de barrio está constantemente centrado en ayudar a la gente. La reunión de consejo en sí se transforma en una reunión destinada a ministrar, en vez de una reunión con fines de administrar", dice el obispo. "Todos los líderes del barrio ven sus llamamientos, y sus relaciones entre sí, a través de un prisma diferente, comprendiendo que son siervos del Señor, y que su ministerio es algo que ellos comparten y coordinan con otros miembros del consejo".

Otro obispo contó la siguiente experiencia, la cual describe magníficamente la importancia de centrar la atención del consejo de barrio en la gente.

"No hace mucho tiempo, nuestro presidente de estaca nos pidió que concentráramos los esfuerzos de nuestro consejo de barrio en por lo menos tres familias y que las recordáramos específicamente en nuestras oraciones. En menos de un mes a partir del momento en que empezamos a orar por esas familias, la madre de una de ellas llamó pidiendo una cita para hablar conmigo, la cual se concertó para esa misma noche.

"Se le veía muy nerviosa y empezó a explicar que unas tres semanas antes había sentido que tenía que empezar a leer el Libro de Mormón nuevamente. Ella se había unido a la Iglesia cuando tenía diecinueve años, y ella y su esposo se habían inactivado poco tiempo después. El que empezara a leer el Libro de Mormón después de tantos años era una tarea por demás difícil para ella. En realidad era una persona de pocas palabras, así que le pregunté si sabía por qué había hecho arreglos para hablar conmigo, a lo que me respondió que no estaba segura de la razón.

"Le expliqué que la razón por la que ella estaba allí era porque el consejo del barrio había estado orando constantemente por su familia durante el último mes.

"'Lo he sentido', respondió en voz baja.

"Hablamos sobre su esposo, quien no se mostraba receptivo a la Iglesia, y consideramos algunas cosas que podríamos hacer para ayudar. El Espíritu nos testificó a ambos que el Señor estaba dispuesto a extendernos Su mano.

"Después de la entrevista, empezaron a suceder cosas muy positivas. Ellos tenían dos hijos —una hija de once años y un muchacho de catorce— ninguno de quienes había sido bautizado. Nos reunimos como consejo de barrio y hablamos de lo que los quórumes del sacerdocio y cada organización auxiliar podrían hacer para que la familia volviera a la actividad. El líder misional del barrio visitó a la familia y los invitó a recibir las lecciones misionales, lo cual hicieron. La presidencia de la Primaria visitó a la niña y la invitaron a asistir a la Primaria, mientras que la presidencia de los Hombres Jóvenes invitó al hijo a participar en las actividades y las clases de la organización. Las presidencias de la Sociedad de Socorro y del quórum de élderes, así como el obispo, visitaron a la familia y también le extendieron invitaciones para participar, del mismo modo que lo hicieron los nuevos maestros orientadores y las maestras visitantes. Los padres también se reunieron con la presidencia de estaca, y gracias a todos estos esfuerzos coordinados, la familia tuvo una serie de experiencias espirituales que la guiaron de nuevo a la actividad plena en la Iglesia.

"La culminación de nuestra experiencia con esa familia ocurrió en el Templo de Arizona, donde fueron sellados como una unidad familiar eterna. Muchos miembros de nuestro consejo de barrio estuvieron presentes en tan sagrado acontecimiento, y se derramaron muchas humildes lágrimas de gratitud por haber visto por sí mismos lo que seguir el programa del Señor puede lograr en la vida de Sus hijos".

El obispo llegó a la conclusión que "al centrarnos en las necesidades de esa familia como consejo de barrio, logramos dos cosas: primero, les abrió el corazón para recibir el Evangelio una vez más; y segundo, nos abrió el corazón para recibirlos a ellos. Cuando la familia empezó a volver a la iglesia, los miembros del consejo de barrio hicieron esfuerzos especiales por hermanarlos pues sintieron que sus oraciones eran al menos en parte responsables de que la familia hubiera regresado.

Tercero, los consejos tienen como fin deliberar e intercambiar ideas, no simplemente dar informe y recibir sermones. Las conversaciones francas son cruciales si es que vamos a sacar provecho de la experiencia, las opiniones y la inspiración de cada miembro del consejo. Los líderes deben tratar de crear una atmósfera apropiada que estimule la franqueza, donde toda persona y grupo son importantes y toda opinión es valiosa. Y no olvidemos que en nuestras reuniones de consejo, los oficiales presidentes deben dedicar por lo menos el mismo tiempo a escuchar que a hablar, y algunas veces hasta más.

Cuando una madre que criaba sola a su hijo de siete años, le habló a su obispo en cuanto a la posibilidad de que alguien la ayudara con el niño, el obispo llevó el pedido al consejo de barrio.

"El niño es muy activo", explicó el obispo. "Es un desafío para su maestra de la Primaria y su maestra en la escuela. Su madre piensa que sería bueno que su hijo tuviera un hombre adulto en su vida quien pudiera dedicarle tiempo y fuera una influencia positiva para él".

Cuando el obispo presentó el asunto al consejo de barrio para su consideración, pensó en silencio en los comentarios que se estaban haciendo. Se expresaron algunas buenas ideas, pero la reunión tomó un curso diferente cuando uno de los consejeros de la presidencia del quórum de élderes, quien estaba allí en lugar del presidente que se encontraba de viaje, levantó la mano para decir algo.

"Una vez yo me encontré en la misma situación en la que está ese muchacho", dijo. "Mi madre me estaba criando sola en esos momentos y quería que yo tuviera la influencia de un hombre adulto en mi vida". Entonces explicó que las mejores experiencias las tuvo cuando uno de esos adultos llevaba a su propio hijo o a otro jovencito de la misma edad, e instó al consejo del barrio a que encontraran a un hombre maduro y también a un niño que lo acompañara.

"Qué gran bendición fue para nuestro consejo de barrio oír la recomendación de ese buen hombre", dijo el obispo. "Para dar fin a esa parte de la reunión del consejo se hicieron algunas asignaciones que tenían en cuenta aquellas recomendaciones y encontramos la debida combinación de adulto y jovencito. Cuán agradecido me sentí de que nuestro consejo de barrio funcionara de la manera que se nos había indicado que debía funcionar, con intercambios francos por parte de todos los presentes al tratar los asuntos que se presentaban".

Una carta que el presidente Gordon B. Hinckley recibió de una madre soltera y que leyó en la conferencia general de octubre de 1996, refleja los resultados positivos que logran los líderes del barrio al trabajar en forma conjunta para atender las necesidades de las familias y de las personas:

"A pesar de haber estado criando a mis cuatro hijos sin el apoyo de un marido,... no estoy sola, ya que cuento con la ayuda y el sostén de la maravillosa familia de nuestro barrio...

"Mi presidenta de la Sociedad de Socorro me ha brindado todo su apoyo en los momentos mas difíciles, animándome a crecer espiritualmente, a orar y a ir al templo en forma regular.

"Nuestro obispo ha sido generoso al ayudarnos con alimentos y ropa, y ha brindado ayuda para que dos de mis hijos fueran a acampar con los demás jovencitos. Nos ha entrevistado a todos nosotros, y nos ha dado, a cada uno, bendiciones y ánimo. Me ayudó a administrar el dinero y a hacer todo lo que estuviera a mi alcance por ayudar a mi familia.

"Nuestros maestros orientadores nos visitan regularmente y hasta les dieron bendiciones a los chicos al empezar el nuevo año escolar.

"Nuestro presidente de estaca y sus consejeros en forma regular se mantienen en contacto con nosotros, tomando el tiempo para hablar con nosotros en la Iglesia, para llamarnos por teléfono o para visitarnos en nuestro hogar.

"Esta Iglesia es verdadera, y mis hijos y yo somos prueba viviente del amor que Dios nos tiene y de que los miembros de un barrio pueden efectuar un cambio para bien en la vida de otras personas.

"Nuestros líderes del sacerdocio han sido vitales en mantener a mis hijos activos en la Iglesia y en el programa Scout. Uno de ellos ha alcanzado el rango de Scout Águila (el rango más alto en el programa Scout en los Estados Unidos) y recibirá su cuarto reconocimiento adicional esta semana; otro es Scout Águila con tres reconocimientos adicionales. El tercero acaba de presentar esta semana los papeles para ser avanzado a ese rango y al más pequeño le encantan las actividades con los Lobatos.

"Siempre se nos recibe con afecto y calidez. La actitud cristiana de nuestra estaca y nuestro barrio nos ha ayudado a hacer frente a pruebas difíciles de imaginar.

"La vida ha sido dura . . . pero nos hemos vestido de toda la armadura de Dios al arrodillarnos en oración familiar todos los días, para pedir ayuda y guía y para dar gracias por las bendiciones que hemos recibido. Ruego a diario por la compañía constante del Espíritu Santo para que me guíe mientras tengo bajo mi cuidado a mis hijos, a fin de influir en ellos para que un día sean misioneros y para que se mantengan fieles al Evangelio y al sacerdocio que poseen.

"Me enorgullece decir que soy miembro de La Iglesia de Jesucristo de los Santos de los Últimos Días. Sé que es verdadera y apoyo a mis líderes. Las cosas nos van bien, y agradecemos a todos su amor, sus oraciones y su interés".

El presidente Hinckley dijo después: "¡Que hermosa carta! Ella dice mucho de la forma en que funciona y debe funcionar esta Iglesia en todo el mundo. Espero que toda mujer que se encuentre en circunstancias similares a las que vive la hermana que escribió esta carta esté siendo igualmente bendecida con un obispo comprensivo y servicial, con una presidenta de la Sociedad de Socorro que sepa cómo ayudarla, con maestros orientadores que conozcan sus deberes y cumplan con ellos, y con miembros del barrio que sepan cómo dar una mano sin entrometerse" (véase "Las mujeres de la Iglesia", Liahona, enero de 1997, pág. 75).

Por cierto que no es necesario que la función de los consejos esté limitada a tiempo y a lugar. Hay veces que el ministerio más potente se lleva a cabo fuera de la oficina del obispo y del horario de las reuniones regulares. El consejo de un barrio en particular sintió la necesidad de enseñar autosuficiencia a los miembros de la unidad, así que planeó y efectuó una magnífica "feria de autosuficiencia", con una serie de presentaciones y talleres, a la que siguieron capacitaciones mensuales. De un modo similar, otro consejo de barrio aunó la experiencia individual de sus miembros para ayudar a una familia que pasaba por una dura crisis económica. Recabaron información, analizaron detenidamente la situación de la familia, enseñaron principios de autosuficiencia, y brindaron un buen número de sugerencias y opciones que con el tiempo libraron a la familia de sus gravosas circunstancias. En ambos casos, los miembros de cada consejo fueron más allá de sus deberes regulares para bendecir la vida de otras personas.

Como se mencionó antes, las hermanas líderes pueden aportar impresiones muy particulares al consejo de barrio que contribuirán a solucionar muchos de los desafíos a los que se enfrentan el obispo y los miembros en general. Las reuniones y los programas de la Sociedad de Socorro, las Mujeres Jóvenes y la Primaria a menudo serán el lugar más propicio para comenzar el proceso de hermanamiento de miembros del barrio. Las mujeres son de valor inestimable en recibir a los nuevos conversos y en tender una mano a los menos activos, proporcionándoles la atención que necesitan para permanecer como participantes plenos de las bendiciones del Evangelio.

La mayoría de los líderes de estaca y de barrio estarían dispuestos a hacer los esfuerzos necesarios en sus llamamientos como miembros de un consejo si tan sólo conocieran y entendieran estos importantes conceptos. Es por tal razón que se les debe enseñar en forma continua. La puesta en práctica de estos principios se debe recalcar de manera repetida, se debe demostrar constantemente y se debe seguir muy de cerca. Pero una vez que los miembros de los consejos y los comités de la Iglesia las asimilen, comenzaremos a utilizar el extraordinario poder que el Señor ha prometido a aquellos que sirven juntos en la senda hacia el logro de Su obra de los últimos días.

CAPÍTULO 6

LAS PRESIDENCIAS Y OTROS CONSEJOS MENORES

Cuando Ronald Black fue llamado a servir como obispo, sintió que el Señor lo bendecía de dos maneras inmediatas. Mientras conducía de regreso a su casa desde la oficina del presidente de estaca donde se le había extendido el llamamiento, experimentó un profundo sentimiento de amor por la gente a la que había sido llamado a servir.

"Fue increíble", dijo el obispo Black. "Tan pronto como entré en los límites de nuestro barrio experimenté un enorme sentimiento de amor por toda la gente que vivía en el vecindario, aun por las personas que ni siquiera conocía. Creo que Dios me estaba permitiendo sentir una porción de Su poderoso amor por todos ellos, y fue un sentimiento maravilloso. Lo mejor de todo es que ese sentimiento ha permanecido conmigo a lo largo de mi ministerio en el barrio. Me siento motivado a hacer las cosas que debo hacer como obispo porque realmente amo a la gente a la que sirvo, y reconozco la mano de Dios al bendecirme con esa revelación".

De acuerdo con el obispo Black, la segunda gran bendición del Señor fue la inspiración que llevó al llamamiento de sus consejeros.

"Aun cuando había servido como consejero del obispo anterior, no tenía idea de cuán importantes serían para mí esos dos hombres", dijo. "No solamente dependo del consejo y del apoyo que me brindan, sino que me he dado cuenta de cuán difícil es trabajar sin ellos. Si bien yo poseo las llaves espirituales en la organización de nuestro barrio, resulta claro que funcionamos al máximo cuando el obispado está mancomunado en un mismo esfuerzo y trabajamos juntos como equipo. Cada vez que trato de hacer las cosas por mí mismo, la obra sufre".

El trabajo conjunto en el liderazgo

Yo me identifico plenamente con la perspectiva del obispo Black. Cuando fui llamado como obispo la primera vez, tenía apenas veintinueve años de edad. Había sido consejero del obispo anterior y juntos habíamos tenido varias experiencias magníficas. Sin embargo, era aún muy joven y tenía mucho por aprender. Agradezco a Dios el haberme enviado dos consejeros que me enseñaron mucho. Ambos eran considerablemente mayores que yo y habían tenido muchas más experiencias en la vida. Me resultaría difícil tan siquiera empezar a relatar lo mucho que aprendí de esos dos buenos hombres, así como de otros que sirvieron como consejeros en otras ocasiones, al deliberar juntos a lo largo de nuestro ministerio conjunto en el obispado.

Y así es como debe ser. Un llamamiento para servir en un obispado o en una presidencia es un llamamiento para servir en uno de los consejos más importantes de la Iglesia. Es allí donde se marca el paso para toda la organización sobre la cual preside el consejo. Cuando en un obispado o en una presidencia se percibe un amor semejante al de Cristo, éste surte un efecto cautivante, atractivo y sanador en toda la organización. Casi sin excepción, los miembros de obispados, de presidencias de estaca y de organizaciones auxiliares que claramente se aman y se respetan entre sí, tienen casi un efecto magnético en aquellos que sirven bajo su dirección. El amor es contagioso y la aceptación es un bálsamo para el alma, y cuando la calidez y la camaradería se manifiestan entre quienes forman parte de un obispado o de una presidencia, se transmiten sentimientos similares a través de toda la congregación. Del mismo modo, cuando un obispado o una presidencia de estaca se concentran en adelantar la misión de la Iglesia, otros consejos eclesiásticos en las distintas organizaciones siguen su ejemplo en esforzarse por cumplir la misión de la Iglesia.

Pueden llegar a suceder cosas magníficas cuando los miembros de un obispado o de una presidencia trabajan juntos de un modo significativo. No hace mucho me enteré de una presidencia de clase de Abejitas en un pequeño barrio, que se sintió descorazonada y preocupada porque muchas jovencitas que pertenecían a ese grupo se habían mudado. Con la ayuda de su maestra y el estímulo del segundo consejero del obispo, decidieron tomar medidas e invitaron a la clase a dedicar su ayuno del siguiente primer domingo del mes a pedir al Señor que enviara nuevas familias a su barrio que tuvieran jovencitas en edad de Abejitas.

Todas las niñas de la clase participaron, y dos semanas más tarde se mudó al barrio una jovencita que estaba por cumplir doce años. Había estado preocupada de no poder hacer amigas en el nuevo barrio, por lo que se sintió muy aliviada al encontrar a un grupo de jovencitas que estaban prontas para recibirla con los brazos abiertos pues veían en su llegada una respuesta a sus oraciones. Unas semanas más tarde, otra niña en edad de Abejitas se mudó al barrio con su familia, y una tercera al siguiente mes. A una tierna edad, esas maravillosas jovencitas experimentaron el poder que genera el que líderes y miembros de una organización de la Iglesia centren su fe y sus oraciones en un objetivo común. Y como lo demuestra este caso, la presidencia de la organización es la que marca la visión que otros puedan seguir.

LAS PRESIDENCIAS Y OTROS CONSEJOS MENORES

Es posible que a algunas personas les suene poco común o incorrecto referirse a una presidencia o a un obispado como un consejo, pero eso es precisamente lo que son, o por lo menos lo que deberían ser. Aunque un presidente de estaca, un presidente de quórum de élderes, o un obispo posee llaves del sacerdocio y claramente se reconoce como la persona que debe tomar la decisión final en todos los asuntos que se presenten para su consideración, eso no quiere decir que él tenga que tener todas las ideas. Tal es el caso también de los presidentes o las presidentas de las organizaciones auxiliares, quienes no poseen llaves del sacerdocio pero que asumen responsabilidades de liderazgo similares dentro de sus respectivos grupos. Los presidentes u obispos sabios invitarán a sus consejeros a participar en las deliberaciones y a expresarse abiertamente. Los consejeros sabios entenderán que hay veces en que deben presentar opciones y otras cuando deben apoyar el manto de autoridad del presidente, el cual se distingue de cualquier otro.

Bajo la dirección del obispo o del presidente, las reuniones de obispado y de presidencia (o, en el caso de los grupos de sumos sacerdotes, reuniones de líderes de grupo) deberían caracterizarse por el intercambio franco y abierto de los importantes asuntos concernientes a la organización. Antes de adoptar decisiones finales, también se deben pedir y considerar detenidamente en espíritu de oración las opiniones de los consejeros.

El llamamiento de consejeros fuertes

A los obispos y los presidentes que tienen el sincero deseo de dirigir sus organizaciones en rectitud a fin de lograr los propósitos espirituales y temporales del Señor, quisiera presentarles esta sugerencia: cada vez que consideren detenidamente el llamamiento de un nuevo consejero, asegúrense de buscar a una persona que sea fuerte en aquellos aspectos en los que ustedes se consideren débiles. Esto quiere decir que ustedes deben reconocer cabalmente sus propias virtudes y debilidades, así como la relativa capacidad —e incapacidad— de la persona a la que esté considerando para servir a su lado. Un presidente que sea un gran motivador pero un administrador no muy bueno debe buscar consejeros que posean buenas destrezas administrativas. De un modo similar, un obispo que sea excelente con los niños de la Primaria tal vez necesite un poco de ayuda de parte de consejeros que sean más eficaces de lo que él es en su relación con los quórumes del Sacerdocio Aarónico y con las Mujeres Jóvenes o en lo concerniente a detalles administrativos. El apóstol Pablo escribió a los santos de Corinto:

"Ahora bien, hay diversidad de dones, pero el Espíritu es el mismo.

"Y hay diversidad de ministerios, pero el Señor es el mismo.

"Y hay diversidad de operaciones, pero Dios, que hace todas las cosas en todos, es el mismo.

"Pero a cada uno le es dada la manifestación del Espíritu para provecho.

"Porque a la verdad, a éste es dada por el Espíritu palabra de sabiduría; a otro, palabra de conocimiento según el mismo Espíritu;

"a otro, fe por el mismo Espíritu; y a otro, dones de sanidades por el mismo Espíritu;

"a otro, el hacer milagros; y a otro, profecía; y a otro, discernimiento de espíritus; y a otro, diversos géneros de lenguas; y a otro, interpretación de lenguas.

"Pero todas estas cosas las hace uno y el mismo Espíritu, repartiendo a cada uno en particular como él quiere" (1 Corintios 12:4–11).

Todo presidente u obispo sabio reconocerá y valorará tal diversidad de dones, y tratará de aumentar la capacidad de sus presidencias, obispados y otros consejos, dando participación a aquellos que aportan dones y destrezas de las que hasta ese momento no se disponía. Como se destacó previamente, Pablo prosigue a comparar la organización de la Iglesia (o, en nuestro contexto, el consejo de la Iglesia) al cuerpo humano, recalcando la importancia de cada parte en el buen funcionamiento del cuerpo entero:

"Pero ahora Dios ha colocado los miembros, cada uno de ellos, en el cuerpo, como él quiso. . .

"Ni el ojo puede decir a la mano: No te necesito; ni tampoco la cabeza a los pies: No tengo necesidad de vosotros.

"Antes bien, los miembros del cuerpo que parecen más débiles, son los más necesarios;. . .

"Pues vosotros sois el cuerpo de Cristo, e individualmente sois miembros de él.

"Y a unos puso Dios en la iglesia, primeramente apóstoles, luego profetas, lo tercero maestros, luego milagros; después los dones de sanidades; ayudas, administraciones y diversidades de lenguas.

"¿Son todos apóstoles? ¿Son todos profetas? ¿Todos maestros? ¿Hacen todos milagros?

"¿Tienen todos dones de sanidad? ¿Hablan todos en lenguas? ¿Interpretan todos?

"Procurad, pues, los mejores dones" (1 Corintios 12:18; 21–22; 27–31).

Bien harían los obispos y los presidentes de estaca en procurar "los mejores dones" entre aquellos a quienes son llamados a servir a su lado. No se sientan intimidados por las personas cuyas destrezas naturales tal vez sean más visibles —y quizás parezcan, por lo tanto, más valiosas— que las de ustedes. Toda persona tiene contribuciones significativas para hacer; *toda* persona.

Cuando fui llamado a servir como presidente de la Misión Canadá Toronto, me sentí sumamente impresionado por el magnífico desafío que tenía por delante. Sin embargo, estaba seguro de que Dios me dotaría de todo cuanto necesitara para cumplir con mi llamamiento, a excepción de una cosa. Cuando recién llegué a Canadá, sabía muy poco acerca de Toronto y mucho menos sobre la Iglesia en Ontario. No estaba al tanto de las cosas, no sabía en qué aspectos la Iglesia era fuerte y en cuáles no lo era, y no tenía idea de cuáles personas podrían ayudarme a cumplir con mi ministerio en ese lugar. Le agradezco al Señor que me haya inspirado a llamar como consejeros a dos hombres extraordinarios, ambos líderes maduros del sacerdocio, con amplio conocimiento de la gente y la historia que es tan importante para los Santos de los Últimos Días en la región de Toronto. Esos dos consejeros resultaron de valor inestimable para mí y para la obra que llevábamos a cabo. Ellos sabían cosas que yo nunca hubiera llegado a saber sin su ayuda, y me apoyaron de maneras por las cuales estoy cada vez más agradecido con el paso de los años, pues trajeron a nuestra presidencia de misión el conocimiento y la experiencia que yo no tenía. Como resultado de ello, nuestra presidencia —y más precisamente mi ministerio como presidente de misión— llegó a ser mejor, más pleno y más completo.

Mis experiencias como obispo y como presidente de misión me enseñaron que el papel de los consejeros es vital en el éxito de cualquier presidencia u obispado. Una vez más, Moisés brinda una valiosa ilustración del principio que estamos tratando. Durante la gran batalla entre el pueblo de Amalec y los hijos de Israel, Moisés se paró sobre una peña con la vara de Dios en la mano. "Y sucedía que cuando alzaba Moisés su mano, Israel prevalecía; pero cuando él bajaba su mano, prevalecía Amalec. Y a Moisés le pesaban las manos; por lo que tomaron una piedra y la pusieron debajo de él, y se sentó sobre ella; y Aarón y Hur sostenían sus manos, uno de un lado y el otro del otro; así hubo en sus manos firmeza hasta que se puso el sol" (Éxodo 17:11–12).

De un modo muy real, los consejeros de los líderes del sacerdocio y de las organizaciones auxiliares sirven la misma función que Aarón y Hur sirvieron para Moisés; apoyan, sostienen y mantienen las cosas firmes.

Cómo efectuar reuniones eficaces de presidencia y de obispado

Quisiera presentar varias sugerencias a fin de ayudar a los obispados y a las presidencias a cumplir con la misión de la Iglesia en sus reuniones ejecutivas. Primero, como se indicó en el capítulo 3, mantengan el enfoque en las cosas más importantes. Es fácil distraerse con detalles administrativos, pero los líderes en la Iglesia serán mucho más eficaces si prestan su mayor atención a satisfacer las necesidades individuales de la gente y de las familias. Específicamente, las presidencias y los obispados deben centrarse en traer almas a Cristo por medio de las ordenanzas y de los convenios del Evangelio. El presidente Boyd K. Packer ha dicho:

"Los instamos a concentrarse en la misión de la Iglesia más bien que en administrar organizaciones y programas...

"Tal vez se pregunten cómo deben proceder para implantar la misión de la Iglesia en la vida de sus miembros y en qué tienen que centrar su atención y energía...

"Debemos llevar a cabo la inmortalidad y la vida eterna del hombre concentrándonos en las *ordenanzas*, y en los *convenios* relacionados con ellas...

"Si pensamos en las palabras *ordenanza* y *convenio*, y después levantamos la vista, recibiremos destellos de luz. Entonces sabrán cómo afianzar su posición y trazar su curso...

"Una forma buena, útil y verídica de medir toda decisión importante que haya tomado un líder de la Iglesia es ver si un determinado curso de acción nos lleva a hacer y guardar convenios o nos aleja de ellos...

"Bien haríamos en asegurarnos de que al administrar las organizaciones de la Iglesia, *todos los caminos conduzcan al templo*, ya que es allí donde se nos prepara en todas las cosas para hacernos merecedores de entrar en la presencia del Señor" (discurso pronunciado en un seminario de Representantes Regionales, el 3 de abril de 1987; cursiva agregada).

Para lograrlo, hay que asegurarse de que la agenda escrita para cada reunión ejecutiva, especialmente a nivel de barrio o de quórum, se centre principalmente en la gente en vez de en los programas, y después asegurarse de que se ciñan a esa agenda. Los propósitos de la reunión deben ser claros, y ésta debe empezar y terminar puntualmente. Si usted es el oficial que preside, dedique suficiente tiempo a tratar las necesidades de la gente. Al considerar cada uno de los nombres que aparecen en la agenda, pida a sus consejeros que aporten ideas y recomendaciones para ayudar a cada persona a avanzar por las ordenanzas y los convenios del Evangelio. Tras escuchar detenida y sinceramente esas recomendaciones, tome una decisión o haga una asignación que resulte en un curso de acción específico y medible. Es importante que las decisiones se adopten por medio de la oración y que usted y sus consejeros estén de acuerdo en cuanto a las medidas que se deban tomar.

Claro que no basta con simplemente *hablar* sobre lo que se debe hacer, sino que también debemos *hacerlo*. Por consiguiente, todas las decisiones y asignaciones se deben registrar y comunicar a aquellas personas que tendrán la responsabilidad de llevarlas a la práctica. Cada asignación la debe supervisar un miembro del obispado o de la presidencia, pidiéndosele a esa persona que rinda informe en una fecha determinada. (El secretario ejecutivo o uno de los otros secretarios puede encargarse de llevar una lista de asignaciones, lo cual le permitirá a usted hacer un seguimiento de ellas al aproximarse la fecha de cumplimiento). Asimismo, cuando se delega una asignación, normalmente se debe comunicar en términos de "qué" se llevará a cabo, en vez de "cómo"; o sea, que a la persona responsable por cumplirla se le debe explicar cuáles resultados se espera lograr en vez de los métodos específicos que se habrán de usar. Esto le permite a esa persona buscar inspiración y ejercer creatividad, dentro de las normas y los procedimientos establecidos en la Iglesia, para lograr la tarea que se ha delegado.

Otros consejos de la Iglesia

La estructura de la Iglesia da cabida a otros importantes consejos. Al igual que los obispados y las presidencias, los tales son generalmente más pequeños que los consejos de estaca y de barrio, pero a ellos también se les ha asignado el logro de la obra del Señor. Entre otros se encuentran las mesas directivas de organizaciones auxiliares, comités de quórumes y grupos, entrevistas del sacerdocio y entrevistas de orientación familiar. Los principios y las sugerencias que hemos tratado con relación a los obispos y las presidencias también se aplican de muchos modos a estos otros consejos.

Por ejemplo, el Manual de la Iglesia indica que aun cuando el presidente del quórum de élderes y el líder de grupo de sumos sacerdotes actúan bajo la dirección de la presidencia de estaca, el obispo se reúne con regularidad con ellos. En tales reuniones, el obispo "les pide a cada uno de ellos un informe de sus responsabilidades, incluso la orientación familiar en el quórum o grupo. También los instruye [y] los inspira a magnificar sus llamamientos" (Manual 2: 7.3.1).

De un modo similar, muchos quórumes y grupos del Sacerdocio de Melquisedec forman comités para ayudar a sus miembros a llevar a cabo la misión de la Iglesia. Refiriéndose a esas asignaciones de comités, el presidente Stephen L Richards dijo en una ocasión:

"Ahora bien, hermanos de presidencias de quórumes del sacerdocio: Ustedes necesitan esos consejos, y no vacilo en darles la seguridad de que, si deliberan en consejo como se espera que lo hagan, Dios les dará soluciones para los problemas a los que se enfrentan con respecto a sus quórumes. Él también les permitirá encontrar maneras y medios de acercarse a los hombres a quienes deseen influir para traerlos nuevamente de conformidad con el quórum y a fin de que vuelvan a disfrutar de su espíritu. . . No importa cuántos comités ustedes organicen, la presidencia del quórum es responsable de cada uno de los hombres que forman parte de él, y estoy seguro de que no se les puede eximir de esa responsabilidad, aun cuando querrán dar ayuda a todos cuantos la pidan" (en Conference Report, octubre de 1953, pág. 86).

"De acuerdo en cuanto a mi palabra"

Considero que a veces pasamos por alto la importancia de uno de los principales consejos del sacerdocio que tiene un extraordinario poder para traer a personas y familias a Cristo: la entrevista de orientación familiar. Es primordialmente por medio de tales entrevistas que los líderes de quórum y de grupo pueden proporcionar visión y guía al programa de orientación familiar del sacerdocio, el cual es "una manera en la que nuestro Padre Celestial bendice a Sus hijos. Los maestros orientadores '[visitan] la casa de todos los miembros, exhortándolos a orar vocalmente, así como en secreto, y a cumplir con todos los deberes familiares' (D. y C. 20:51). Son asignados a familias y a personas para 'velar . . . y estar con ell[as] y fortalecer[las]' (D. y C. 20:53). Se encargan de 'amonestar, exponer, exhortar, enseñar e invitar a todos a venir a Cristo' (D. y C. 20:59)" (Manual 2:7.4.1).

Me refiero a la entrevista de orientación familiar como un consejo del sacerdocio debido a su propósito sagrado y a la promesa del Salvador de que "donde están dos o tres congregados en mi nombre, allí estoy yo en medio de ellos". Cuando leemos esa promesa en el contexto de las Escrituras, vemos que se aplica específicamente a quienes se reúnen con la finalidad de averiguar lo que el Señor quisiera que hicieran: "Otra vez os digo que si dos de vosotros *se ponen de acuerdo en la tierra acerca de cualquier cosa que pidan*, les será hecho por mi Padre que está en los cielos. Porque donde están dos o tres congregados en mi nombre, allí estoy yo en medio de ellos" (Mateo 18:19–20; cursiva agregada). Él también hizo la misma promesa a Sus siervos de los últimos días: "De cierto, de cierto os digo, como dije a mis discípulos: Donde estén dos o tres congregados en mi nombre, *respecto de una cosa*, he aquí, allí estaré yo en medio de ellos, así como estoy yo en medio de vosotros" (D. y C. 6:32; cursiva agregada).

El deliberar en consejo para ponerse de acuerdo en cuanto a la voluntad del Señor parece ser un importante tema de las Escrituras. Consideremos esta revelación dada por medio del profeta José Smith: "Porque de cierto os digo, que por cuanto os habéis juntado según el mandamiento que os di, *y estáis de acuerdo tocante a esta cosa*, y habéis pedido al Padre en mi nombre, así también recibiréis" (D. y C. 42:3; cursiva agregada). Y también: "Escuchad, oh élderes de mi iglesia a quienes he llamado; he aquí, os doy el mandamiento *de congregaros para que os pongáis de acuerdo en cuanto a mi palabra*; y por vuestra oración de fe recibiréis mi ley para que sepáis cómo gobernar mi iglesia y poner todas las cosas en orden delante de mí" (D. y C. 41:2–3; cursiva agregada).

Estos pasajes describen exactamente el propósito de la entrevista de orientación familiar. Su única función es permitir al líder del sacerdocio y al maestro orientador deliberar juntos en consejo en espíritu de oración y ponerse de acuerdo en cuanto a un curso de acción que asistirá a los miembros del quórum y a sus familias a venir a Cristo y a ser perfeccionados en Él (véase Moroni 10:32). El presidente Ezra Taft Benson dijo: "Hacemos un llamado a los líderes de quórum de llevar a cabo entrevistas mensuales de orientación familiar que sean inspiradoras, recibir un informe de las actividades de los maestros orientadores, evaluar necesidades, hacer asignaciones para el mes próximo, y enseñar, fortalecer e inspirar a los maestros orientadores en sus sagrados llamamientos. Tales entrevistas con los maestros orientadores proporcionan a los líderes la oportunidad de medir el progreso y de servir mejor a las personas a las que han sido llamados a servir" ("To the Home Teachers of the Church", pág. 51).

Se requiere enorme visión y compromiso de parte de los líderes del Sacerdocio de Melquisedec para cumplir con esa instrucción, pero lo pueden lograr. Un joven presidente de un quórum de élderes relató algunos de los acontecimientos que lo ayudaron a descubrir el valor de las entrevistas de orientación familiar:

"Cuando fui llamado a servir como presidente del quórum, no creo que realmente tuviera un testimonio de las entrevistas de orientación familiar, y tal vez mi actitud se le contagió a mis consejeros y a los miembros del quórum. No programamos las entrevistas tan regularmente como se suponía que debíamos hacerlo, y cuando tratamos de llevarlas a cabo, la mayoría de los maestros orientadores se sentían renuentes a asistir. De hecho, uno de ellos preguntó: '¿De qué tenemos que hablar que no podamos tratarlo en un par de minutos por teléfono?'.

"En una de mis entrevistas trimestrales con el presidente de la estaca, le mencioné el problema que estábamos teniendo. Hablamos del asunto por un buen rato y él me ayudó a entender por qué estábamos teniendo dificultad para que los hermanos asistieran a las entrevistas de orientación familiar. Me pidió que leyera un versículo de Doctrina y Convenios que dice que el deber de un líder del sacerdocio es 'sentarse en concilio' con los miembros de su quórum y 'enseñarles de acuerdo con los convenios' (D. y C. 107:89). Entonces procedió a explicar que la verdadera agenda de la entrevista de orientación familiar es llegar a un acuerdo en cuanto al 'siguiente paso' para ayudar a cada miembro del quórum a venir a Cristo.

"Dijo que nuestra presidencia tendría mucho más éxito si centráramos cada entrevista en esta pregunta: '¿Qué quiere el Señor que hagamos en los siguientes treinta días para asegurarnos de que cada hermano y su familia se acerquen más a las ordenanzas y a los convenios del templo?'. También sugirió algunas maneras de dar seguimiento en cuanto a las decisiones que tomábamos y las asignaciones que hacíamos en las entrevistas.

"En nuestra siguiente reunión de presidencia de quórum, hablé con mis consejeros sobre la conversación que tuve con el presidente de la estaca, y acordamos efectuar entrevistas más regulares y tratar un enfoque distinto. Recuerdo que esa noche tuvimos que reorganizar tres o cuatro asignaciones de orientación familiar, y pusimos mucha más atención a ello que de costumbre. Cuando oramos al final de la reunión sobre las decisiones que habíamos tomado, todos nos sentimos bien. Creo que fue durante esa reunión de presidencia que las cosas realmente comenzaron a cambiar en nuestro quórum.

"Ese domingo, en vez de sólo informar sobre las nuevas asignaciones como solíamos hacerlo, entrevistamos a cada maestro orientador que tenía una nueva asignación y le explicamos lo que estábamos tratando de lograr. Algunos se mostraron más entusiasmados que otros, pero recuerdo particularmente la entrevista que tuve con Gary Martínez. Gary era el que había sugerido que tuviéramos las entrevistas por teléfono, así que yo estaba un poco nervioso de pedirle que se reuniera conmigo, pero no pareció molestarle.

"Después de arrodillarnos y de hacer una oración, dediqué algunos minutos a hablar con Gary sobre sus nuevas familias. Uno de los hombres que figuraba en su lista era Ed Barker, quien se había mudado al barrio pocas semanas antes. Le dije a Gary que lo estábamos 'llamando a servir una misión' para ayudar a Ed a llegar a ser élder y llevar a su familia al templo. Le dije que mis consejeros y yo habíamos orado al respecto y que habíamos sentido que él era la persona que el Señor quería como maestro orientador de esa familia. Gary dijo que haría todo lo que pudiese, y pareció ser sincero. Le pregunté si estaba dispuesto a tener una entrevista de orientación familiar mensual para hablar de maneras de lograr nuestra meta con Ed. Sonrió cuando le hice esa pregunta, pero estuvo de acuerdo.

"Una de las razones por las que asignamos a Gary como maestro orientador de Ed fue porque los dos tenían afinidad por los automóviles, así que le resultaba fácil a Gary pasar bastante tiempo en la casa de Ed. En nuestras entrevistas, hablábamos con Gary sobre el 'siguiente paso' para ayudar a los Barker a ir al templo, y resultaba obvio que él se estaba tomando su 'misión' muy en serio. Nuestro primer paso, con mucha ayuda de la presidencia de la Primaria, era invitar al hijo de Ed, que tenía nueve años de edad, a asistir al programa de lobatos. Después de eso, Gary logró que Ed y su esposa, Julie, fueran a la iglesia un par de veces. En una ocasión

Ed aceptó hacer una oración y pocas semanas después los Barker fueron a su casa a una noche de hogar. Yo siempre escribía las metas que acordábamos lograr y en la siguiente entrevista Gary me informaba si le había resultado posible realizarla o no. La mayoría de las veces tenía éxito, pero no siempre.

"Unos siete u ocho meses después de que Gary comenzó con su asignación y tras una conversación que tuve con el obispo, sentí que había llegado el momento de invitar a Ed a prepararse con su familia para entrar en el templo. Recuerdo la entrevista cuando Gary y yo hablamos de ello. Se le veía muy serio y algo preocupado, pero dijo que lo haría. Nos arrodillamos a orar al respecto y sentimos el Espíritu muy fuertemente. Le dije que todo el consejo de barrio oraría por él y los Barker ese mes, lo cual hicimos.

"Ed y Julie estuvieron de acuerdo en asistir a nuestro seminario de preparación para el templo, y Ed fue ordenado al oficio de élder en la siguiente conferencia de estaca, y hasta le pidió a Gary que lo ordenara. Pero el día que mayor significado tuvo para todos nosotros fue el sábado que Ed y Julie y su hijo fueron sellados en el templo por tiempo y eternidad. Ed y Gary son hombres bastante grandes, pero los dos derramaron muchas lágrimas al abrazarse en la sala de sellamientos ese día.

"En nuestra siguiente entrevista, Gary y yo sólo hablamos de lo que había sucedido en el curso del año y lo que aquello había significado para los dos. Entonces me dijo: 'Cuando me pediste que hablara con Ed sobre llevar a su familia al templo, me dio mucho temor. Al orar al respecto, sentí que era lo que se debía hacer, pero también sentí que no podía hacerlo solo, que realmente necesitaba la ayuda del Señor, y creo que Él me ayudó. Cuando estaba sentado en la sala de sellamientos observando a la familia Barker, de pronto comprendí que había sido un instrumento en Sus manos para que ellos se acercaran al Salvador y al templo. Sucedió tal como lo hablamos en nuestras entrevistas. Gracias por darme la oportunidad de hacer esto. Ha sido una de las mejores experiencias de mi vida'.

"Desde entonces, nunca he tenido ningún problema para que Gary fuera a las entrevistas de orientación familiar. De hecho, él es uno de los maestros orientadores más fieles de nuestro quórum, y también lo es Ed".

El presidente James E. Faust declaró: "Debemos hacer todo cuanto esté de nuestra parte para asegurarnos de que ningún miembro de la Iglesia parta de esta tierra sin haber recibido las ordenanzas y haber hecho los convenios necesarios del templo... Al guardar nuestros convenios ponemos al Salvador en el centro mismo de nuestra vida, desarrollamos un amor más grande por los demás, recibimos protección contra influencias maléficas y obtenemos fortaleza espiritual, felicidad, tranquilidad y vida eterna" (discurso pronunciado en el seminario de Representantes Regionales del 1º de abril de 1988; citado en el semanario Church News, el 9 de abril de 1988, pág. 5).

Todo tipo de consejo eclesiástico, ya sea grande o pequeño, es realmente esencial para la obra sagrada de traer almas al Señor. Que Él nos bendiga a cada uno de nosotros al cumplir con nuestras respectivas mayordomías en Su reino de los últimos días, actuando bajo la dirección de Su Espíritu y por medio de Sus profetas.

CAPÍTULO 7

LOS CONSEJOS DISCIPLINARIOS

Cuanto más vivo, tanto más agradecido me siento hacia el Señor por habernos dado un plan para ayudarnos a progresar. Como parte de ese plan, Él nos proporciona guía para vencer los errores serios y el pecado. Su deseo es que todos Sus hijos regresen a Él a fin de participar del preciado fruto de la vida eterna (véase Ezequiel 18:21–23).

Debido a la misericordia de Dios para con Sus hijos, Su plan proporciona toda clase de oportunidades para que quienes caen en transgresión reciban el perdón. El proceso de arrepentimiento no siempre es fácil; en muchos casos se puede lograr sólo mediante la disciplina oficial de la Iglesia. Por tal motivo, Dios ha inspirado el establecimiento de otro importante consejo de la Iglesia: el consejo disciplinario. En el transcurso de las siguientes páginas quisiera analizar este magnífico proceso de amor. Este análisis no tiene como fin presentar una reseña completa de los consejos disciplinarios, sino una colección de sentimientos, impresiones y asesoramiento en cuanto a este tema sagrado. A los líderes del sacerdocio se les remite al *Manual de la Iglesia* con el objeto de ver un detallado esbozo de las normas y los procedimientos relacionados con las acciones disciplinarias.

Tanto el Señor como quienes lo representan en Su Iglesia están prontos con brazos abiertos para recibir nuevamente a quienes se hubieren alejado. La Primera Presidencia ha extendido esta invitación especial:

"Con profunda sinceridad expresamos amor y gratitud hacia nuestros hermanos y hermanas en todo el mundo. Sabemos de algunos que son inactivos, de otros que se han vuelto críticos y son propensos a hallar faltas, y aun de otros a quienes se les han suspendido sus derechos o que han sido excomulgados debido a transgresiones serias. A todos ellos les hacemos llegar nuestro amor. Estamos ansiosos por perdonar... Instamos a los miembros de la Iglesia a perdonar a quienes quizás les hayan hecho algún mal. A aquellos que hayan dejado de ser activos y a quienes se hayan vuelto críticos, les decimos: 'Regresen y siéntense a la mesa del Señor y saboreen nuevamente los dulces frutos de la hermandad con los santos'" ("An Invitation to Come Back", pág. 3).

Cuando se hace necesario que a un miembro se le retengan ciertas bendiciones, el objetivo del Señor es *enseñar* al igual que disciplinar. Los consejos disciplinarios de barrio y de estaca efectuados para imponer medidas de disciplina eclesiástica se consideran incompletos hasta tanto no se lleven a cabo consejos de reincorporación. A pesar de que el trabajo de esos consejos no es tan público y de que su aplicación no es tan general como otros consejos de estaca y de barrio, es igualmente significativo en la vida de las personas y de las familias en la Iglesia, y requiere consideración específica y deliberada.

Recuerdo que cuando era niño a veces me presentaba desarreglado a la mesa para la cena. Mi madre, muy sabiamente, me mandaba a lavarme y que después regresara. Mis padres se hubieran afligido mucho si yo me hubiera sentido ofendido en alguna de esas ocasiones y me hubiera ido de la casa —y yo habría sido un insensato de haberlo hecho. Del mismo modo, los siervos del Señor de vez en cuando se enfrentan a la necesidad de enviar, con una actitud amorosa, a algunos de los hijos de nuestro Padre Celestial a lavarse para poder regresar limpios nuevamente. El Señor no quiere que nos "perdamos la cena", de hecho, Él tiene todo un festín preparado para quienes vuelven a entrar limpios y puros por la puerta. Él se siente sumamente triste cuando alguien decide permanecer sucio y perderse la cena, cuando halla alguna excusa para sentirse ofendido, o cuando se va de la casa. Él se siente complacido de extender una oportunidad de volver a empezar.

Yo he conocido a algunas personas rebeldes que hacen caso omiso de los mandamientos y que transgreden las leyes de Dios, y he sido testigo de la angustia y del dolor que eso les ha causado. También he visto la dicha que sienten cuando, al humillarse y arrepentirse plenamente, han regresado a la Iglesia y se les han restaurado todas las bendiciones del templo y del sacerdocio.

Hace algún tiempo, la Primera Presidencia me pidió que visitara a un hombre de camino a una conferencia de estaca. Él había sido excomulgado, se había arrepentido plenamente y había sido hallado digno de ser readmitido a la Iglesia por medio del bautismo. Pero esa ordenanza por sí sola no le había restaurado su sacerdocio ni las bendiciones del templo. Ésa era mi asignación, al actuar en nombre del Señor bajo la dirección de la Primera Presidencia.

El presidente de estaca y yo encontramos al hombre en un hospital padeciendo de una enfermedad que lo había dejado sin poder moverse ni hablar. Al verlo, comprendí que resultaría imposible efectuar la entrevista de costumbre, pero tuve la impresión de que debía entrevistar a su esposa, que estaba allí con él. Encontramos una sala desocupada en el hospital y tuvimos una excelente conversación con esa fiel mujer, madre de ocho hijos. Había estado junto a su esposo, permaneciendo firme y fiel a lo largo de todos sus problemas y desafíos. Ahora ella, al igual que su marido, deseaba de todo corazón que a él se le restauraran aquellas bendiciones.

Cuando regresamos a la habitación del esposo, le pedí a ella que me ayudara a comunicarme con él. Durante los dos años que su cuerpo había estado deteriorándose a causa de la enfermedad, él había creado una forma de comunicarse con el movimiento de los ojos. Me incliné sobre su cama y le dije: "Soy el élder Ballard. Me ha enviado el presidente de la Iglesia y estoy autorizado para restaurarle sus bendiciones. ¿Le parece bien?". Pronto me di cuenta de que no necesitaría la ayuda de su esposa. Los ojos del hombre se llenaron de lágrimas, corriéndoles después por las mejillas, indicando una respuesta afirmativa.

Puse las manos sobre su cabeza y, empleando la terminología relacionada con tal ordenanza, le restauré el Sacerdocio de Melquisedec. Comenzó a sollozar —tal vez los primeros sonidos que emitía en mucho tiempo; restauré el oficio de élder y después, por el poder del sacerdocio, le restauré la santa investidura que había recibido al momento de entrar al templo por primera vez. Por último, le restauré lo que quizás era más valioso para él: su sellamiento a su esposa y a sus hijos.

Al concluir la bendición, todos estábamos llenos de emoción. Miré a su esposa y tuve la impresión de que también debía darle una bendición a ella, así que le pregunté si deseaba que lo hiciera. "Me encantaría recibir una bendición, élder Ballard", me dijo. "Hace mucho tiempo que no recibo una".

Le pedí que se sentara, y después, los otros líderes del sacerdocio y yo pusimos las manos sobre su cabeza, pero cuando traté de darle la bendición, las palabras no brotaban de mi boca. De pronto comprendí qué era lo que estaba bloqueando el Espíritu. Retiramos las manos de su cabeza y dije: "Hermanos, acerquemos la silla a la cama". Empujamos la silla hasta donde yo pudiera levantar la mano de su esposo y ponerla sobre la cabeza de ella. Al proceder nuevamente con la bendición, las palabras empezaron a fluir; la bendijimos, y llegaron la convicción y el consuelo.

Desde entonces, he reflexionado con frecuencia en cuanto a la magnífica lección que esa experiencia nos enseña. Ese hombre había pecado, y un amoroso Padre Celestial había requerido que se arrepintiera a fin de volver a ser digno y una vez más ser contado entre los santos. Consiguientemente había cumplido con la voluntad de nuestro Padre Celestial; su vida había tomado un curso positivo y se había arrepentido. Ahora, de regreso en la Iglesia y continuando con su progreso, él era digno de que se le restauraran sus más grandes bendiciones. Y así estuvo en condiciones de hacer uso inmediato de la autoridad del sacerdocio que también se le había restaurado, lo cual le permitió participar en una bendición especial del sacerdocio a favor de su esposa.

Opciones disciplinarias

Cuando un obispo (o, en algunos casos, un presidente de estaca) se entera de una transgresión, generalmente mediante la confesión del miembro transgresor, primero se reúne con el miembro. Si el pecado no fuera de mayor gravedad, el obispo puede decidir, por medio de la inspiración personal, que no es necesario llevar a cabo ninguna acción disciplinaria. Puede seguir dándole palabras de consejo y de advertencia que ayuden al miembro a resistir la tentación y a evitar mayores transgresiones.

Otra opción que el obispo tiene es aplicarle al miembro un período informal de prueba, restringiendo temporariamente sus privilegios como miembro de la Iglesia —tales como el derecho a participar de la Santa Cena, tener un cargo en la Iglesia, o entrar en el templo. Además, puede requerir que el miembro haga cambios positivos específicos en su actitud o conducta, que lea las Escrituras y otra literatura de la Iglesia, y que asista a las reuniones de la Iglesia. No se crea ni se lleva ningún registro oficial en el caso de un período de prueba informal. El obispo mantiene estrecho contacto con el miembro y puede dar por terminado dicho período de prueba cuando se sienta inspirado a hacerlo.

En tales casos, la disciplina informal de la Iglesia tal vez determinará que no haya necesidad de acciones disciplinarias formales y, por consiguiente, de convocar un consejo formal. Siendo que el arrepentimiento y el cambio reformatorio son los objetivos primordiales de la mayoría de las acciones disciplinarias de la Iglesia, el obispo o el presidente de estaca tal vez sienta que la persona ha hecho o está haciendo todo lo necesario para arrepentirse y que la formación de un consejo disciplinario no tendría mayor propósito.

Por otro lado, el espíritu de inspiración o la gravedad de la transgresión quizás haga recomendable un consejo disciplinario o requiera que el líder eclesiástico convoque uno, el cual es obligatorio para ciertas ofensas y circunstancias particularmente serias.

En las Escrituras, el Señor ha dado pautas concerniente a los consejos disciplinarios de la Iglesia (véase D. y C. 102). El término *consejo* en este sentido implica un procedimiento útil —un procedimiento de amor e interés, siendo la salvación y la bendición del transgresor el punto de mayor consideración.

La finalidad de los consejos disciplinarios

Los miembros a veces preguntan por qué se llevan a cabo consejos disciplinarios en la Iglesia. El propósito es triple: (1) para salvar el alma del transgresor; (2) para proteger al inocente; y (3) para salvaguardar la pureza, la integridad y el buen nombre de la Iglesia.

No se convocan consejos disciplinarios para tratar casos civiles o criminales; de hecho, no siempre las acusaciones criminales llegan a requerir la intervención disciplinaria de la Iglesia. La decisión de un tribunal civil tal vez contribuya a determinar si se debe o no convocar un consejo disciplinario de la Iglesia, pero, por otro lado, tal decisión no dicta qué acción debe adoptar un consejo disciplinario.

No se efectúan consejos disciplinarios para cosas tales como el incumplimiento en el pago de diezmos, la desobediencia a la Palabra de Sabiduría, el no asistir a la iglesia o no recibir a los maestros orientadores. Tampoco se les convoca por irregularidades en negocios personales ni por no pagar deudas. No tienen como fin saldar disputas entre miembros, ni se les lleva a cabo en el caso de miembros que exigen que su nombre se retire de los registros de la Iglesia, a menos que se trate de un miembro que antes haya cometido una transgresión grave y pida que se retire su nombre para evitar la posibilidad de la excomunión o de la suspensión de sus derechos. El retirar el nombre de una persona de los registros de la Iglesia es una medida muy seria pero se le atiende como una acción administrativa.

El obispo, tras consultar al presidente de estaca, tiene la responsabilidad y la autoridad para efectuar consejos disciplinarios para miembros del barrio. Sin embargo, si se considera factible la excomunión de un poseedor del Sacerdocio de Melquisedec, el asunto se remite a la presidencia de estaca, la cual, con la colaboración del sumo consejo, puede convocar un consejo disciplinario de estaca para tratar el caso de dicho poseedor del Sacerdocio de Melquisedec.

Si un miembro considera que se le ha tratado injustamente en un consejo disciplinario de la Iglesia, puede efectuar una apelación. La apelación de la decisión de un consejo disciplinario de barrio se dirige a la presidencia de estaca y al sumo consejo.

Cualquier apelación adicional va a la Primera Presidencia para su consideración.

Las misiones y los distritos tienen jurisdicción similar a la de las estacas y los barrios, mientras que los presidentes de misión tienen jurisdicción sobre los misioneros y sobre los miembros de las ramas de los distritos de la misión.

Cómo funcionan los consejos disciplinarios

Tras dar el debido aviso y fijar la fecha, se lleva a cabo el consejo disciplinario, el cual comienza con una oración, seguido de una declaración por parte del oficial que preside o uno de sus representantes asignados, en cuanto a la transgresión de la que se dio parte. Si el miembro niega los cargos expuestos en su contra, se presenta la evidencia de la transgresión. El miembro presenta sus testigos y evidencia y hace cualquier comentario o declaración que considere necesario en cuanto a sus sentimientos y a los pasos que haya dado hacia el arrepentimiento, si tal fuera el caso. Después de responder a preguntas aclaratorias de parte del consejo, se excusa al miembro y los líderes deliberan en consejo y oran juntos. En última instancia, la decisión le corresponde al oficial que preside, quien la recibe y la presenta mediante inspiración. Se pide a otros líderes del sacerdocio que tengan jurisdicción en el asunto que apoyen la decisión y se resuelve cualquier diferencia de opinión, si es que la hubiera.

Quienes forman parte del consejo deben mantener el asunto dentro de la más estricta confidencialidad y enfocarlo con un espíritu de amor, lo cual implica ser respetuosos y circunspectos en el transcurso del proceso disciplinario. ¿Se imaginan cómo se sentirían si fueran una persona arrepentida que aguarda la decisión final de la presidencia de estaca y oyeran intercambios en voz alta y risas provenientes de la sala del sumo consejo? Ya fuera que la conversación o las risas tuvieran que ver o no con el asunto en cuestión, tal conducta sería completamente inapropiada. Tengan presente que el objetivo de un consejo disciplinario no es determinar un castigo, sino ayudar al miembro a efectuar los cambios necesarios para presentarse nuevamente limpio ante Dios. Quienes comparecen ante cualquier consejo disciplinario de la Iglesia tienen el derecho a que se les trate con respeto y cortesía.

Cuando un miembro a quien se le acusa de mala conducta comparece ante un consejo disciplinario, dicho consejo puede adoptar una de cuatro decisiones: (1) ninguna acción, (2) un período de prueba formal, (3) la suspensión de derechos, o (4) la excomunión.

Aun si se hubiera cometido una transgresión, el consejo puede decidir no adoptar *ninguna medida* en ese momento. (En tal caso se instaría al miembro a recibir consejos y guía adicionales de parte de su obispo).

Un *período formal de prueba* constituye un estado temporario de disciplina, impuesto como un medio para ayudar al miembro a arrepentirse plenamente. El oficial que preside el consejo especifica las condiciones bajo las cuales se puede levantar ese período de prueba, durante el cual el obispo o el presidente de estaca se mantiene en estrecho contacto con el miembro a fin de ayudarlo a progresar.

Al igual que en el caso de un período de prueba formal, la *suspensión de derechos* es, generalmente, una forma de disciplina temporaria que tiene como fin contribuir al proceso de arrepentimiento. La persona a la que se le suspenden sus derechos retiene su condición de miembro de la Iglesia, y se le insta a asistir a reuniones públicas de la Iglesia, aunque no se le permite ofrecer oraciones en público ni dar discursos. Tampoco puede tener cargos en la Iglesia, participar de la Santa Cena, votar en el sostenimiento de oficiales de la Iglesia, poseer una recomendación para el templo, ni ejercer la autoridad del sacerdocio. Sin embargo, puede pagar el diezmo y las ofrendas de ayuno y seguir usando el gárment del templo si fuera investida, siempre y cuando demuestre estar comprometida a que se le restituyan sus derechos de miembro por medio de un arrepentimiento sincero y una vida recta.

La *excomunión* es la medida más severa que puede imponer un consejo disciplinario de la Iglesia. Las personas excomulgadas ya no son miembros de la Iglesia, por lo que carecen, entre otros, de los privilegios de usar el gárment del templo y de pagar diezmos y ofrendas. Pueden asistir a reuniones públicas de la Iglesia, pero, al igual que los miembros a quienes se les suspenden sus derechos, no pueden participar. A las personas excomulgadas se les insta a arrepentirse y a vivir de tal modo que se hagan nuevamente dignas del privilegio de ser bautizadas como miembros de la Iglesia.

Cómo facilitar el cambio por medio de los consejos

No se ha dispuesto que la acción disciplinaria de la Iglesia sea el final del proceso, sino que, más bien, tiene como fin ser el comienzo de un curso que llevará al transgresor de nuevo a la hermandad plena con los santos y a la totalidad de las bendiciones de la Iglesia. Los líderes del sacerdocio se esfuerzan por ser sensibles a la necesidad que la persona disciplinada tiene de recibir comprensión, ánimo, consejo y ayuda. Se aseguran de hacer arreglos para que tenga entrevistas regulares con su obispo; que se le asignen maestros orientadores u otras personas maduras para ayudarle; y que los miembros de su familia reciban la atención, el consejo y el hermanamiento que necesitan durante ese difícil período en el que se imponen las medidas disciplinarias.

El resultado deseado es que la persona efectúe todos los

cambios que sean necesarios para regresar plena y completamente y pueda recibir las maravillosas bendiciones de la Iglesia. Cuando la persona haya progresado hasta alcanzar ese punto, el actual obispo o presidente de estaca —aun si la persona estuviera viviendo en un barrio o en una estaca diferente, o si prestara servicio un nuevo obispo o presidencia de estaca— tiene la autoridad de convocar un nuevo consejo disciplinario para considerar tomar las medidas para resolver la disciplina que se aplicará.

Nuestro Padre Celestial se complace cuando a Sus hijos y a Sus hijas se les restauran antiguas bendiciones cuando ellos han demostrado un arrepentimiento sincero y completo.

Extendamos una mano al penitente

Es muy posible que el trauma de ser suspendido o excomulgado de la Iglesia nunca lo entiendan por completo aquellas personas que jamás lo han experimentado.

"La medida me afectó terriblemente", dijo un hombre. "Pero sabía que era la voluntad del Señor. Pude sentir la preocupación y el interés de parte de los hermanos con quienes estaba reunido en el momento en que se me comunicó la decisión del consejo. Lo único que sentí fue amor y compasión".

Pese a ello, el dolor era difícil de sobrellevar. "Al quedar sumido en la angustia y el pesar", dijo, "lloraba, oraba, no podía dormir por las noches por sentir temor de perder a mi esposa y a mis hijos para siempre. Aun cuando seguía reuniéndome con mi obispo, me sentía solo, muchas veces con rebelión en el corazón y sentimientos de culpa a causa de esa rebelión.

"Al mirar hacia atrás, el tener que enfrentar cada desafío personal fue enormemente difícil pero también necesario, y todo ese proceso fue una gran bendición para mí. El arrepentimiento es algo que toda persona debe encontrar por sí misma a medida que transcurre el tiempo".

Otra persona que fue excomulgada explicó sus sentimientos de este modo: "El progreso eterno es una gran bendición. Es como nadar en un río donde la meta es su misma cabecera. Lo más importante del progreso no es el lugar donde uno se encuentra en el río, sino el estar nadando contra la corriente. Después de haberme desviado río abajo debido al pecado, es bueno sentirme libre del gran peso del pecado y empezar a nadar nuevamente hacia mi cabecera espiritual".

Los amigos y la familia son de vital importancia para una persona que lucha por volver al camino del Evangelio. Quienes rodean a esa persona deben evitar juzgar, y hacer todo cuanto puedan para mostrar amor. El Señor ha mandado: "Por tanto, os digo que debéis perdonaros los unos a los otros; pues el que no perdona las ofensas de su hermano, queda condenado ante el Señor, porque en él permanece el mayor pecado. Yo, el Señor, perdonaré a quien sea mi voluntad perdonar, mas a vosotros os es requerido perdonar a todos los hombres" (D. y C. 64:9–10).

Una mujer que había prestado servicio como presidenta de Sociedad de Socorro cuenta del amor y del apoyo que recibió durante un doloroso período de suspensión de derechos: "Cuando los hermanos del obispado me escucharon, pude sentir amor como nunca lo había sentido antes. Ellos lloraron conmigo".

Aun cuando al principio ella sintió como si el corazón se le partiera en un millón de pedazos, al día siguiente llegó a ella un espíritu de consuelo y se dio cuenta de que no se le abandonaría.

Una de las cosas más difíciles para ella fue volver a la iglesia el siguiente domingo, aun cuando le resultó mucho más fácil de lo que había pensado. El obispo se aseguró de darle la bienvenida. Con palabras o sin ellas, el obispado le expresó su interés y amor.

Nadie más estaba enterado. "No hubo la más mínima seña de falta de respeto", dijo ella.

Con el transcurso de las semanas y los meses, sintió que su dolor y sufrimiento en realidad contribuían al proceso de purificación. De hecho, esos sentimientos servían un propósito necesario para poder sanar, y el pesar que su familia experimentaba se vio mitigado en cierta medida gracias a la bondadosa y considerada atención que le dispensaron los demás.

Con pesar reconoce: "Todo miembro de la Iglesia debe comprender que es capaz de pecar. ¡Qué precio tan alto he tenido que pagar por haber sido tan insensata!"

Protejámonos del pecado

Debemos proteger nuestros pensamientos constantemente. El pecado grave casi siempre empieza con pensamientos indignos. Hace algunos años, bajo la dirección de la Primera Presidencia, entrevisté a un hombre con el fin de restaurarle las bendiciones del sacerdocio y del templo. Ese hermano había sido excomulgado mientras servía en un importante cargo en su barrio. Al conversar con él, le pregunté: "¿Cómo fue que sucedió esto?".

Con marcada seriedad en su semblante me dijo: "Todo empezó cuando tomé en mis manos una revista pornográfica y la leí. Desde ese momento, en forma muy sutil empecé a explorar materiales cada vez más eróticos —entre ellos películas y videos para adultos— hasta que cometí adulterio con una prostituta.

"Al mirar hacia atrás", dijo, "me cuesta creer que haya hecho esas cosas tan horribles. Pero las hice, y todo empezó con mirar una revista pornográfica. Hermano Ballard, dígales a los santos que tengan cuidado con lo que leen y con lo que ven en la televisión, en el cine y en los videos".

Otro joven que se enfrentó a casi las mismas circunstancias, más adelante atribuyó su regreso a la Iglesia a varios amigos y miembros del barrio que lo tomaron colectivamente bajo sus alas y lo ayudaron a sentir que valía la pena salvar su alma. El presidente del quórum de élderes, en particular, junto con toda su familia, se hizo buen amigo de ese hombre y de su esposa. Lograron que ese afligido matrimonio sintiera que se les amaba, se les necesitaba y se les valoraba, ayudando al hombre a sentirse bienvenido en la Iglesia.

Una hermana que fue disciplinada tras años de fiel servicio y devoción hacia la Iglesia dijo: "No tenía ni idea de que era capaz de cometer una transgresión tan grave. Suponía que si *sabía* que algo no era bueno, nunca lo haría. No llegaba a entender la dinámica a veces extraña de la conducta humana, o las cosas de las que era capaz".

Nunca olvidemos eso. Satanás es real, y tiene el poder de prender a los seres mortales "con sus sempiternas cadenas . . . [conduciéndolos] astutamente al infierno" (2 Nefi 28:19, 21). Los consejos disciplinarios de barrio y de estaca son una parte importante del plan de Dios para redimir a Sus hijos de las cadenas del pecado. Todos cuantos sirven en esos consejos o trabajan con seres queridos que hayan recibido esa disciplina deben recordar amar sin juzgar; ser sensibles y considerados sin entrometerse; ser cálidos y demostrar interés sin ser condescendientes; saber perdonar y olvidar. Por sobre todo lo demás, debemos tener presente que el Señor ha dicho: "He aquí, quien se ha arrepentido de sus pecados es perdonado; y yo, el Señor, no los recuerdo más" (D. y C. 58:42).

Puesto que todos nos hemos vuelto espiritualmente impuros hasta cierto grado debido al pecado, y por consiguiente tenemos necesidad del sacrificio expiatorio del Señor Jesucristo, ¿podemos justificarnos al hacer menos que eso?

CAPÍTULO 8

LOS CONSEJOS FAMILIARES

Cuando un amigo mío llegó a ser el rector de una pequeña universidad, se mudó junto con su esposa y sus tres hijos a la casa presidencial cerca del campus de la institución. Por no tener que pagar la hipoteca, decidió que su familia estaría en condiciones de comprar un nuevo automóvil, pero en vez de someterse él mismo al proceso de probar diferentes vehículos, negociar con los concesionarios y efectuar la compra, decidió valerse del consejo familiar para tomar la decisión.

"Papá nos presentó la idea en una noche de hogar", recuerda uno de sus hijos. "A nosotros tres, que aún estábamos en la escuela primaria, así como a mamá, se nos pidió que diéramos opiniones, consejos, preferencias e ideas. Llegamos a la conclusión de que no teníamos suficiente información para tomar una buena decisión, así que empezamos a hacer las averiguaciones pertinentes sobre nuevos automóviles para después repasarlas juntos".

Mi amigo llevó a su casa folletos, fotografías y hasta diapositivas de autos nuevos. Los niños fueron a la biblioteca a fijarse en avisos publicitarios de revistas y periódicos y hablaron con amigos sobre preferencias de vehículos. En otra noche de hogar, la familia compartió la información que habían obtenido y empezaron a centrar su atención en el modelo de automóvil que habrían de considerar. Después visitaron varios concesionarios como familia para probar diversos coches.

Finalmente, la familia escogió una marca y un modelo, pero ése fue apenas el comienzo del proceso de tomar la decisión final. Aún quedaban colores y otras opciones por considerar. Así fue que a cada miembro de la familia se le dio la oportunidad de explicar preferencias en cuanto a características y se puso a votación el tema de colores y demás opciones.

"Tras mucha consideración", explicó uno de los hijos, "la opinión de la mayoría se inclinó hacia un automóvil color rosa metálico con el interior en un delicado tono de azul. Mamá eligió la tela para los asientos, pero creo que perdió la votación en cuanto al tema del color".

Debido a que pocos concesionarios contaban con automóviles color rosa con su interior en azul claro, tuvieron que hacer un pedido especial al fabricante en la ciudad de Detroit. Mientras esperaban la llegada del nuevo auto, los miembros de la familia siguieron hablando entre ellos al planear las vacaciones que iban a tomar para inaugurar el nuevo y hermoso miembro de la familia de color rosa y azul claro. Siguiendo el mismo modelo de recabar información, expresar preferencias y deliberar como consejo familiar, decidieron ir de viaje al famoso parque nacional Yellowstone, en el estado de Wyoming, al norte de Utah.

"Fue un viaje increíble en un auto fantástico", dijo uno de los hijos. "No creo que ninguno de nosotros vaya a olvidarlos jamás, ni cómo las dos cosas se hicieron realidad".

El hecho de que estos acontecimientos hayan tenido lugar en 1957 y que se recuerden con tanto cariño, deja bien en claro el posible poder que ejerce el consejo familiar en el fortalecimiento de los lazos familiares, en forjar la unidad de la familia y en crear maravillosos recuerdos.

LOS CONSEJOS FAMILIARES

El élder L. Tom Perry, del Quórum de los Doce Apóstoles, explicó que la reunión de consejo familiar es el foro ideal para enseñar a los niños "a preparase para sus funciones como miembros de la familia y futuros padres". Él dijo que en los consejos familiares, la madre y el padre pueden brindar capacitación en temas tales como "preparación para entrar en el templo, preparación misional, administración del hogar, economía familiar, desarrollo profesional, educación académica, servicio a la comunidad, destrezas culturales, adquisición y mantenimiento de propiedad personal, calendarios de planificación familiar, uso del tiempo libre y asignaciones de trabajo". También sugirió que antes de que los miembros de la familia se reúnan para tratar asuntos en el consejo familiar, los padres se beneficiarían si llevaran a cabo "una reunión de comité ejecutivo para planear estrategias. El comité ejecutivo, formado por el marido y su esposa, se reuniría para comunicarse debidamente, considerar, planear y prepararse para su función de liderazgo en la organización familiar" ("'Todo lo que el hombre sembrare. . .'"), *Liahona*, febrero de 1981, pág. 9).

Al igual que otros consejos, el consejo familiar puede llegar a ser una fuerza positiva y causativa en la vida de los miembros de la Iglesia. Puede llevar orden al seno familiar, proporcionar un foro para aliviar sentimientos heridos, facilitar a los padres un elemento valioso con el cual combatir influencias externas, y crear una oportunidad de enseñar verdades profundas del Evangelio. Sin embargo, así como en el caso de otros consejos, el consejo familiar será eficaz únicamente si está bien formado y se le emplea de la manera apropiada. De hecho, los principios que gobiernan el consejo familiar son básicamente los mismos que aquellos que gobiernan otros consejos de la Iglesia. Sus objetivos generales son idénticos. Queremos para nuestras familias lo mismo que nuestro Padre Celestial desea para la Suya: "la inmortalidad y la vida eterna" (Moisés 1:39).

Queremos forjar relaciones de afecto que habrán de extenderse más allá de esta vida.

Hace algún tiempo, me sentí con dificultad inusual para respirar tras subir a una pequeña elevación. Preocupado, hice una consulta con mi médico y poco tiempo después me encontraba internado en un hospital de Salt Lake City. El médico me informó que sería necesario someterme a una operación de corazón abierto para hacer una desviación sanguínea [bypass]. El cirujano llegó a mi habitación a las 11:00 de la mañana y me explicó en qué consistiría la operación. Al retirarse dijo: "Reúnase con su familia antes de la cirugía".

No presté tanta atención a esa recomendación como tendría que haberlo hecho. Cuando regresó a las 2:00 de la tarde me preguntó si había efectuado arreglos para reunirme con mi familia, a lo cual le respondí que aún no.

Me miró como sólo podría hacerlo un cirujano que se percataba de la situación en la que yo me encontraba y repitió su admonición: "Reúnase con su familia".

No fue sino hasta ese momento que empecé a comprender que esa operación podría resultar un poco más complicada de lo que yo esperaba. De modo que pedí que mi familia fuera al hospital para llevar a cabo un consejo familiar especial, en el cual sucedió algo muy interesante. Cuando todos estaban de pie alrededor de mi cama, sentí el sobrecogedor deseo de dar ciertas instrucciones a mis hijos en el caso de que algo me sucediera. Lo que más me interesaba era que velaran por su madre y, segundo, que velaran los unos por los otros. No hay nada más importante en la vida que nuestros seres queridos y debemos buscar y aprovechar oportunidades de deliberar juntos en consejo. Gracias a las sabias instrucciones de mi amigo y cirujano, mi familia y yo compartimos un momento de unión que permanecerá con nosotros como un valioso recuerdo por toda la eternidad. Por muy difíciles que sean algunos desafíos en la vida, debemos superarlos juntos.

Leemos en las revelaciones: "He aquí, mi casa es una casa de orden, dice Dios el Señor, y no de confusión" (D. y C. 132:8). Además, el Señor instruyó a Sus seguidores del siglo diecinueve, diciendo: "Organizaos; preparad todo lo que fuere necesario; y estableced una casa, sí, una casa de oración, una casa de ayuno, una casa de fe, una casa de instrucción, una casa de gloria, una casa de orden, una casa de Dios" (D. y C. 88:119). Aun cuando estos versículos de las Escrituras hacen referencia específicamente a los santos templos de Dios, los mismos principios se pueden y se deben aplicar a nuestros propios hogares. Los consejos familiares, dirigidos por padres rectos y amorosos que se esfuerzan por enseñar a sus hijos a amarse y respetarse mutuamente, pueden marcar la diferencia al crear un sentido de disciplina, orden y amorosa colaboración en el hogar.

La Proclamación sobre la Familia

En 1995 la Primera Presidencia y el Quórum de los Doce Apóstoles emitieron un importante documento titulado: "La Familia: Una Proclamación para el Mundo". Sólo cinco veces en la historia de la Iglesia la Primera Presidencia y el Quórum de los Doce Apóstoles han considerado necesario hacer una proclamación al mundo en cuanto a tema alguno, por lo cual uno puede estar seguro de que esta organización eterna a la que llamamos familia es de importancia extraordinaria en el reino de nuestro Padre Celestial. Consideremos una vez más el texto del documento en lo que tiene que ver con el tema de los consejos de la Iglesia y familiares:

"Nosotros, la Primera Presidencia y el Consejo de los Doce

Apóstoles de La Iglesia de Jesucristo de los Santos de los Últimos Días, solemnemente proclamamos que el matrimonio entre el hombre y la mujer es ordenado por Dios y que la familia es fundamental en el plan del Creador para el destino eterno de Sus hijos.

"Todos los seres humanos, hombres y mujeres, son creados a la imagen de Dios. Cada uno es un amado hijo o hija procreado como espíritu por padres celestiales y, como tal, cada uno tiene una naturaleza y un destino divinos. El ser hombre o el ser mujer es una característica esencial de la identidad y del propósito premortal, mortal y eterno de la persona.

"En el mundo premortal, hijos e hijas, procreados como espíritus, conocieron a Dios y lo adoraron como su Padre Eterno, y aceptaron Su plan por medio del cual Sus hijos podrían obtener un cuerpo físico y ganar experiencia terrenal para progresar hacia la perfección y finalmente lograr su destino divino como herederos de la vida eterna. El divino plan de felicidad permite que las relaciones familiares se perpetúen más allá del sepulcro. Las ordenanzas y los convenios sagrados disponibles en los santos templos hacen posible que las personas regresen a la presencia de Dios y que las familias sean unidas eternamente.

"El primer mandamiento que Dios les dio a Adán y a Eva se relacionaba con el potencial que, como esposo y esposa, tenían de ser padres. Declaramos que el mandamiento de Dios para Sus hijos de multiplicarse y henchir la tierra permanece en vigor. También declaramos que Dios ha mandado que los sagrados poderes de la procreación han de emplearse sólo entre el hombre y la mujer legítimamente casados como esposo y esposa.

"Declaramos que los medios por los cuales se crea la vida mortal son divinamente establecidos. Afirmamos la santidad de la vida y su importancia en el plan eterno de Dios.

"El esposo y la esposa tienen la solemne responsabilidad de

amarse y de cuidarse el uno al otro, así como a sus hijos. '. . . herencia de Jehová son los hijos' (Salmo 127:3). Los padres tienen el deber sagrado de criar a sus hijos con amor y rectitud, de proveer para sus necesidades físicas y espirituales, y de enseñarles a amarse y a servirse el uno al otro, a observar los mandamientos de Dios y a ser ciudadanos respetuosos de la ley dondequiera que vivan. Los esposos y las esposas, las madres y los padres, serán responsables ante Dios del cumplimiento de estas obligaciones.

"La familia es ordenada por Dios. El matrimonio entre el hombre y la mujer es esencial para Su plan eterno. Los hijos merecen nacer dentro de los lazos del matrimonio y ser criados por un padre y una madre que honran sus votos matrimoniales con completa fidelidad. La felicidad en la vida familiar tiene mayor probabilidad de lograrse cuando se basa en las enseñanzas del Señor Jesucristo. Los matrimonios y las familias que logran tener éxito se establecen y se mantienen sobre los principios de la fe, de la oración, del arrepentimiento, del perdón, del respeto, del amor, de la compasión, del trabajo y de las actividades recreativas edificantes. Por designio divino, el padre debe presidir la familia con amor y rectitud y es responsable de proveer las cosas necesarias de la vida para su familia y de proporcionarle protección. La madre es principalmente responsable del cuidado de sus hijos. En estas sagradas responsabilidades, el padre y la madre, como compañeros iguales, están obligados a ayudarse el uno al otro. La discapacidad, la muerte u otras circunstancias pueden requerir una adaptación individual. Otros familiares deben brindar apoyo cuando sea necesario.

"Advertimos que las personas que violan los convenios de castidad, que maltratan o abusan de su cónyuge o de sus hijos, o que no cumplen con sus responsabilidades familiares, un día deberán responder ante Dios. Aún más, advertimos que la desintegración de la familia traerá sobre las personas, las comunidades y las naciones las calamidades predichas por los profetas antiguos y modernos.

"Hacemos un llamado a los ciudadanos responsables y a los funcionarios de gobierno de todas partes para que fomenten aquellas medidas designadas a fortalecer a la familia y a mantenerla como la unidad fundamental de la sociedad".

¿Puede alguien leer detenidamente este texto sin percibir la importancia sin igual que tienen el hogar y la familia en el logro de la voluntad de Dios en la vida de todos Sus hijos? Nunca hubo una época en la que el mundo necesitara más la fortaleza y la seguridad que se siembra y se cultiva mejor en el profundo y fértil suelo del amor familiar. Tampoco ha habido otra época en que los antagonistas del mundo atacaran a la familia con más fuerza, empeñados en extinguir la poderosa fuente de luz que se levanta ante las tinieblas del adversario. En estos tiempos peligrosos, las familias fuertes se forjan con una amplia variedad de elementos muy útiles. Uno de ellos es el consejo familiar, llevado a cabo tanto en forma regular como cuando surge una necesidad especial. Es en nuestros consejos familiares que programamos actividades, compartimos pesares y regocijos y deliberamos juntos en consejo a fin de mantener a cada miembro de la familia en el debido sendero de espiritualidad.

Una familia que comparte el Evangelio

En abril de 2006, en un discurso de conferencia general, expresé mi parecer en cuanto a la importancia de los consejos familiares como un medio para compartir el Evangelio. Una familia, al tratar en un consejo el tema de los esfuerzos misionales personales, se refirió a cómo cada uno de sus miembros debía ser un ejemplo para los demás. Como resultado de esa conversación, un hijo adolescente les habló a sus compañeros del equipo en el que jugaba en el colegio, para que usaran un vocabulario más decente. El entrenador, quien no era Santo de los Últimos Días, se sintió tan impresionado con el joven que hizo una donación a la Iglesia.

Como parte de su consejo, la familia de uno de mis amigos prepara un plan misional familiar al principio de cada año. Todos los días ellos oran a fin de poder encontrar personas que hayan sido preparadas para recibir y aceptar el Evangelio. Entonces invitan amigos, tanto nuevos como viejos, a actividades sociales centradas en las necesidades y los intereses de ellos. También invitan a sus amigos a ir a su casa para que se les enseñe. Los miembros de la familia entienden que su responsabilidad es ejercer fe y realizar esfuerzos personales, a fin de que el Señor abra un camino, de acuerdo con el tiempo de Él.

Un matrimonio (a quienes llamaremos David y Beth) han sido amigos de esa familia por unos cuantos años. Refiriéndose a la relación que ellos tienen, mi amigo escribió: "Nos conocimos cuando David hizo un trabajo en mi camioneta. Con la ayuda de otros miembros de la familia, ellos recibieron todas las lecciones misionales en dos ocasiones y hemos tenido muchas actividades sociales con ellos. Recientemente, tras haber recibido las lecciones por tercera vez, David hizo esta pregunta: '¿Seguirán ustedes siendo nuestros amigos aunque no nos hagamos miembros de la Iglesia?'.

"El Espíritu Santo me impulsó a responder: 'Ustedes ya habían recibido las lecciones dos veces y si nuestra amistad cambió en algo, ha sido para mejor. Es porque los amamos que seguimos compartiendo este mensaje, para que ustedes puedan ser más felices como familia'". David y Beth aceptaron la invitación a bautizarse en una fecha determinada.

El forjar el deseo de compartir el Evangelio como familia es la manera más fácil y más eficaz de hacerlo. Miles de personas se han unido a la Iglesia a lo largo de los años debido sencillamente al espíritu y a la actitud que observaron en la vida de quienes forman parte de familias que comparten el Evangelio.

Cómo compartir cargas y regocijos mediante el consejo familiar

Cuando los miembros de una familia empezaron a percibir que una medida de contención fuera de lo común estaba invadiendo su hogar, convocaron un consejo familiar para hablar de la situación. "Para comenzar, expliqué lo que había estado observando y cómo me sentía al respecto", dijo el padre. "Mi esposa hizo lo mismo, y después, cada uno de nuestros siete hijos que aún vivían en casa, desde el mayor hasta el menor, tuvieron la oportunidad de expresar sus sentimientos".

Tanto el padre como la madre se enteraron de que desde que sus dos hijos mayores ya no vivían con ellos (uno que se había casado y otro que estaba cursando estudios en una universidad en otra ciudad), una injusta carga de responsabilidad había recaído sobre los dos hijos mayores que quedaban en casa. Como resultado de tratar el asunto en el consejo familiar se hizo una redistribución más equitativa de las responsabilidades entre los hijos, lo cual redujo significativamente los niveles de frustración en la familia.

Algo parecido ocurrió en el caso de otra familia de siete hijos. "Como es de esperarse en una familia del tamaño de la nuestra, a menudo me sentía estresada con los problemas comunes del diario vivir", dijo la madre. "De vez en cuando me sentía abrumada y tras ello venía el desánimo. Esos sentimientos casi siempre se disipaban, pero me preguntaba si acaso llegaríamos a progresar lo suficiente hasta ser la clase de familia que sentíamos que debíamos ser".

Un día los padres oyeron a una Autoridad General decir que el consejo básico de la Iglesia es el consejo familiar.

"Eso me impactó", dijo la madre. "Después de hablar del asunto con mi esposo, decidimos intentar realizar consejos familiares en nuestro hogar. Se lo explicamos a nuestros hijos y empezamos a hacerlo todos los domingos por la noche.

"Me he sentido sorprendida y encantada con los resultados", continuó diciendo. "Uno por uno hemos encarado los problemas que vemos en nuestra familia. No somos perfectos desde ningún punto de vista pero, por primera vez, veo que estamos realmente empezando a progresar. Y cuando surgen nuevos problemas, tomo nota, al igual que otros miembros de la familia, y los tratamos en nuestra siguiente reunión de consejo".

Con demasiada frecuencia se efectúan consejos familiares únicamente cuando los padres consideran que hay problemas —y cuando ellos piensan que tienen todas las respuestas. Así como presidentes y obispos en otros consejos de la Iglesia se equivocan al creer que es la responsabilidad de ellos el encontrar solución a todos los problemas y desafíos a los que se enfrentan sus respectivas organizaciones, los padres se privan de valiosa inspiración si deciden no dar la debida consideración a las ideas que aportan sus hijos en el consejo familiar. Recordemos que aun cuando los hijos nunca tendrán derecho a ser irrespetuosos con sus padres, sí tienen derecho a que se les escuche. Ellos necesitan un lugar tranquilo donde se hable de reglas o principios que ellos no entiendan —un lugar donde sepan que se les ama y en el cual por lo menos se oiga su voz. Los consejos familiares son un foro ideal para establecer la comunicación eficaz. Hay más probabilidades de que las reglas y los procedimientos familiares se acepten y se lleven a la práctica cuando todos los miembros de la familia hayan tenido la oportunidad de participar en las deliberaciones y estén de acuerdo con lo planteado.

Un matrimonio se sintió muy mortificado cuando una de sus

hijas adolescentes parecía hacer todo lo posible por rodearse de amistades cuyos valores y normas morales eran diferentes a los de la familia y la Iglesia. Se angustiaron particularmente al ver a su hija forjar una relación con un joven de cuestionable reputación. Trataron de luchar contra esa influencia adversa en la vida de su hija imponiendo una serie de nuevas reglas, amenazas y medidas disciplinarias. Lo único que lograron con todo eso fue aumentar la tensión y la contención en el hogar.

Por último, los padres decidieron convocar un consejo familiar especial que incluía a ellos dos y a su hija mayor que tenía sólo un año más que la jovencita que iba por mal camino. "A todos nos brotaron las lágrimas al compartir nuestro amor el uno por el otro, así como nuestros temores por la dirección en la que se encaminaba nuestra segunda hija", dijo el padre. "Nuestra hija mayor sugirió delicadamente que debíamos dejar de criticar las amistades de su hermana, porque lo que estábamos logrando era alejar a esas amistades —y también a su hermana— de nuestro hogar. Recomendó que creáramos un ambiente amigable en casa que animara a nuestra hija a traer a sus amigos, y así poder nosotros ejercer una influencia positiva en ellos".

Tras detenida consideración, ayuno y oración, el consejo familiar especial ideó un plan: tratarían de ser lo más positivos que pudieran y de hallar lo bueno en las amistades de su hija. "Queríamos ser amigos de sus amigos para que no se sintieran tan inclinados a aconsejarle que nos resistiera", dijo el padre. "También le hicimos saber que podía invitar a sus amistades a nuestra casa a menudo, lo cual nos permitiría tener control sobre las cosas, mientras que ella satisfacía su necesidad de estar con los amigos".

El consejo familiar especial también decidió invitar a cenar con más frecuencia a los misioneros de tiempo completo. "A medida que nuestra hija llegó a conocer y a confiar más en los misioneros, nos resultó natural y lógico sugerirle que invitara a sus amigos a recibir las lecciones misionales", dijo el padre. "La alentamos diciéndole que ella era la única misionera activa en nuestra familia ya que nadie más que ella tenía amigos que no eran miembros a quienes podíamos darles a conocer el Evangelio".

Las experiencias misionales que resultaron de ello fueron variadas. Cuando los misioneros le enseñaron a la mejor amiga de la hija del matrimonio, dijeron que había sido una de las lecciones más espirituales que jamás habían dado. Sin embargo, cuando le enseñaron al joven, las lecciones no fueron muy bien recibidas. Sin embargo, aun esa experiencia tuvo un toque favorable en lo concerniente a la familia. "Dos o tres semanas después vimos que ese joven dejó de venir a nuestra casa y de llamar", comentó el padre, "y más tarde nos enteramos de que le estaba diciendo a algunas personas que nuestra familia era 'demasiado mormona' para su gusto".

Esos buenos padres dan mérito por haber conservado a la familia íntegra al consejo que les dio su hija mayor en aquella ocasión especial. "Por la razón que fuere, su opinión marcó la diferencia", dijo el padre. "Estamos muy agradecidos de que el Espíritu del Señor haya obrado por medio de ella para el beneficio de nuestra familia".

Y cuán sabios fueron esos padres por prestar cuidadosa atención a las ideas y los sentimientos que expresó su hija en aquel consejo familiar especial.

Diferentes familias, diferentes consejos

Hay tantos tipos diferentes de consejos familiares como los hay de familias. Estos consejos pueden consistir en uno de los padres y un hijo, en uno de los padres y varios hijos, en ambos padres y un hijo, en ambos padres y varios hijos, o en sólo los padres. independientemente del tamaño o de las características del consejo familiar, las cosas que realmente importan son las motivaciones de afecto, un ambiente que invite al intercambio libre y franco, y la disposición a escuchar las opiniones sinceras de los miembros del consejo —así como a los susurros del Espíritu que llegan para confirmar la verdad y dar guía.

Cuando en una ocasión un matrimonio mayor encontró un tiempo para estar juntos a solas, se sentaron en la sala de estar de su casa a leer las Escrituras y estudiar por un par de horas. El esposo, quien en ese momento servía como presidente de estaca, interrumpió el intercambio que estaban teniendo sobre el libro de Mateo para pedir el consejo de su esposa en cuanto a un asunto de la estaca.

"Nunca trato situaciones personales con ella, pero sentí la necesidad de compartirle algunos asuntos generales de la estaca relacionados con las circunstancias de familias que están fallando", dijo el presidente. "He estado preocupado con nuestra aparente incapacidad de utilizar el poder del sacerdocio para poner fin a esa triste realidad. Habíamos estado tratando que los líderes del sacerdocio salieran de sus reuniones y fueran a visitar a la gente en sus casas para tener una impresión clara de lo que estaba sucediendo con cada familia, pero no habíamos tenido mucha suerte. Así que le pedí a mi esposa, quien había servido hasta hacía poco como presidenta de la Sociedad de Socorro de nuestro barrio, que me diera su perspectiva".

Y qué increíble perspectiva le dio. Como la mayoría de las presidentas de Sociedad de Socorro, esa magnífica hermana había dedicado una considerable cantidad de tiempo a ministrar y visitar el hogar de las hermanas del barrio. Ella habló de que su mayor frustración había sido el no disponer de tiempo suficiente para compartir con los líderes del sacerdocio toda la información que recogía de sus contactos personales y de los informes que recibía de las maestras visitantes y del servicio compasivo.

"Las reuniones de consejo programadas regularmente no son suficientes", dijo. "Y aun cuando el obispo y yo hablábamos a menudo, era, por lo general, sobre asuntos específicos y urgentes de bienestar".

Mientras su esposo escuchaba lo que ella le compartía, empezó a percibir mejor el poder de la Sociedad de Socorro y de las hermanas de la Iglesia, y llegó a cobrar mayor aprecio por la bendición que significaba su compañera eterna.

"Ese consejo familiar sólo entre nosotros nos dio la oportunidad de intercambiar ideas de un modo muy valioso", dijo el presidente. "El Espíritu del Señor nos acompañó, y como resultado de nuestra conversación tan franca nos acercamos más al Señor y entre nosotros, lo cual nos permitió ministrar mejor en nuestros respectivos llamamientos en la Iglesia".

Los consejos familiares pueden ser una bendición en la vida de familias y de sus miembros en forma individual en esta vida y por todas las eternidades. Por medio de ellos podemos acercarnos más a nuestra familia y a Dios. Los consejos también proporcionan una oportunidad única a los padres y a las madres de hacer sentir su amorosa influencia de maneras relevantes. Otro hombre comparte el siguiente poderoso ejemplo en cuanto a ese concepto:

"Recientemente mi madre sufrió un derrame cerebral que le paralizó el costado izquierdo y le impedía tragar, y todo parecía indicar que ella fallecería esa misma noche. Aunque con anterioridad nos había dado instrucciones de que no se empleara ningún sistema mecánico para mantenerla con vida ante una situación tan extrema, el médico consultó a mi padre y decidió hacer que las últimas horas que ella tenía de vida le resultaran más llevaderas con la ayuda de oxígeno y de un tratamiento intravenoso.

"En determinado momento durante la larga noche, mamá recobró el conocimiento por unos breves instantes y levantó tres dedos, como para indicar que sabía que su cuarto hijo aún no había llegado al hospital. Entonces elevó la mirada por encima de la cama, estiró los brazos, y sonrió. Tuvimos la impresión de que vio algo que a nosotros no nos era posible ver.

"El amanecer la encontró aún con vida aunque en estado de coma, y siguió en esa condición a lo largo del día. Temprano en la noche, mi cuñado sugirió que tuviéramos un consejo familiar. Tras reconocer la autoridad de mi padre como cabeza de familia, respetuosamente sugirió que hiciéramos una oración familiar alrededor de la cama de mamá. Así lo hicimos, e inmediatamente mamá despertó. Le hizo señas a cada miembro de la familia —a todos, incluyendo a su cuarto hijo, quien para entonces ya estaba en la habitación. Uno por uno nos acercó a ella con la mano que aún podía usar y reverentemente nos abrazó. Cuando hubo terminado, se volvió a recostar y entró en coma nuevamente. Le dimos una bendición del sacerdocio, en la cual pedimos que ella no se preocupara por nosotros y que con tranquilidad volviera a la presencia de su Padre Celestial.

"La mañana siguiente la volvió a encontrar de este lado del velo. Por un par de días más los médicos le hicieron análisis para determinar si había alguna posibilidad de que ella se recuperara de su condición, pero finalmente concluyeron que ésta era irreversible y que lo único que la estaba manteniendo con vida era el tratamiento intravenoso. El médico nos dijo que estaba en nosotros determinar cuándo sería el momento apropiado para interrumpir dicho tratamiento.

"Mi padre convocó otro consejo familiar, en el cual estaban presentes todos los hijos, sus cónyuges, una tía y un tío. Cuando estábamos todos sentados, mi padre, de ochenta y seis años de edad, se puso de pie y, tras una oración, pidió con mucha calma la opinión de cada uno de los presentes. Vi cómo mi padre tomaba las riendas de la conversación y dirigía el consejo del mismo modo que yo lo había visto hacerlo en tantas otras ocasiones. Parecía cobrar más fuerzas al dirigir los asuntos del consejo con dignidad, respeto y gran poder del sacerdocio. Finalmente decidimos que esperaríamos dos días más antes de permitirle al médico descontinuar el tratamiento intravenoso. Después de expresar su amor por mamá y por nosotros, dimos por terminado el consejo con una oración y la influencia del Consolador se dejó sentir durante las horas siguientes.

"Mamá falleció plácidamente varios días después, cobrando el conocimiento una vez para reconocer la presencia de su hermana y otra cuando mi padre le dio una bendición. Fue como si ella hubiera permanecido con vida hasta que la familia se sintiera tranquila y estuviéramos unidos en la dirección que seguiríamos. Esa unidad y paz se sintió gracias al consejo del sacerdocio, un proceso ordenado por Dios".

Cuando nuestras familias comparten momentos como éstos, al deliberar juntos en consejo basándonos en los principios del Evangelio y entendiendo que somos parte de la familia de Dios, llegamos a saber que Él nos ama, que somos preciados para Él, que está interesado en nosotros, y que desea ayudarnos. Él quiere darnos el apoyo y la ayuda que necesitamos en momentos de crisis. Gran parte de ese apoyo y fortaleza resulta de la acción de deliberar en consejo los unos con los otros.

CAPÍTULO 9

"RAZONEMOS JUNTOS"

El obispo no pensaba que le iba a resultar posible asistir a los ejercicios de apertura de la Mutual un determinado martes por la noche, pero la asignación de trabajo que no se lo iba a permitir se canceló a último momento, así que entró en el salón sacramental inesperadamente. Lo que presenció allí lo frustró y lo preocupó mucho.

"No lo podía creer", dijo el obispo obviamente perturbado ante el solo recuerdo. "Tres de mis presbíteros estaban sentados sobre la mesa de la Santa Cena —¡SOBRE LA MESA DE LA SANTA CENA!— desternillándose de risa mientras la presidenta de la clase de Laureles intentaba dar comienzo a la reunión. Unas cuantas Damitas estaban despatarradas sobre los bancos de uno de los costados de la capilla, conversando de manera animada mientras un par de scouts pulseaban en la banca del frente.

"Eché una mirada a mi alrededor para ver qué era lo que estaban haciendo los asesores para recobrar el control de la situación y vi sólo a un par de asesoras de las Mujeres Jóvenes conversando en el fondo de la capilla, aparentemente ajenas a lo que estaba sucediendo ante sus propios ojos. Ni el presidente de los Hombres Jóvenes ni la presidenta de las Mujeres Jóvenes estaban en la capilla. Aquello era un caos".

El obispo fue hasta el frente del salón sacramental y restauró el orden, pero durante el resto de la semana no pudo borrar de su mente la imagen de aquellos adolescentes mostrando un comportamiento tan irrespetuoso en la capilla. El domingo siguiente, en la reunión de obispado, les comentó sobre la experiencia a sus consejeros —quienes no habían podido asistir a la Mutual aquella noche— y les preguntó qué era lo que ellos pensaban que se debía hacer. Trataron el asunto por unos minutos y decidieron que sería un buen tema para llevar a colación en la reunión del consejo de barrio, así que a la siguiente semana el obispo presentó su preocupación ante el consejo de barrio en pleno.

"El problema, según lo veo yo", dijo, "es falta de respeto hacia la capilla como un lugar especial donde cada domingo se efectúa una ordenanza sagrada. ¿Cómo se lo enseñamos a nuestros jóvenes de un modo que ellos lo entiendan y no lo olviden?".

Un silencio sepulcral invadió la oficina del obispo mientras los miembros del consejo de barrio lo miraban con expectación. Finalmente, el líder de grupo de los sumos sacerdotes hizo una pregunta: "¿Qué quisiera usted que hiciéramos, obispo?".

"No lo sé", respondió, "realmente no tengo ninguna respuesta. Quizás tenga algunas ideas en cuanto al asunto, pero estoy más interesado en lo que ustedes tengan para decir. Ustedes son los padres de esos jóvenes; son los líderes y los maestros. Ustedes los conocen y los aman tanto como yo, así que realmente quiero saber lo que piensan. ¿Cómo captamos su atención?, ¿cómo les enseñamos?".

"Bueno", dijo la presidenta de la Sociedad de Socorro, "para decirle la verdad, no son solamente los jóvenes quienes tienen el problema. Hay adultos que no parecen saber cómo ser reverentes en la capilla".

"Y peor es en el salón cultural", agregó el presidente del quórum de élderes. "¿Ha visto el comportamiento de los hombres durante los partidos de básquetbol? Hay veces que debo recordarme que la mayoría de los hermanos con quienes estoy jugando fueron misioneros, y que estamos jugando en un centro de reuniones que fue dedicado. Uno pensaría que ese solo hecho debería instarnos a mejorar nuestra conducta al menos un poco".

"Tal vez debería captar la atención de todos al comienzo de la reunión sacramental", opinó uno de los consejeros del obispo. "Mi esposa me comentó que cuando la semana pasada empecé a leer los anuncios, apenas si se me podía oír entre toda la conmoción que había en la capilla".

"Muy bien, entonces todos estamos de acuerdo en que tenemos un serio problema", dijo el obispo, "pero, ¿qué vamos a hacer al respecto?".

"Hay una canción que los niños cantan en la Primaria que sigue viniéndome a la mente", dijo la presidenta de la Primaria. "Dice: 'La reverencia es más que estar quietos; es recordar al Señor, ver las bendiciones del Padre en los cielos; es un sentimiento de amor. Cuando soy reverente, en mis actos se ve, mis palabras expresan bondad. Cuando soy reverente, yo sé que Jesús y el Padre muy cerca están' ("La reverencia es amor", *Canciones para los niños*, pág. 12).

"Pienso que eso es lo que tenemos que enseñarles a nuestros niños, a nuestros jóvenes y a nuestros adultos", siguió diciendo la presidenta de la Primaria. "No se trata solamente de estar callados durante la reunión sacramental. El punto de enfoque de todo esto es el amor y el respeto que sentimos por nuestro Padre Celestial y por el Señor, Jesucristo. Cualquier esfuerzo que hagamos que no se base en eso, será insuficiente".

"En otras palabras", dijo el presidente de los Hombres Jóvenes, "el comportarse irrespetuosamente en la capilla es sólo una manifestación exterior de un problema mucho más profundo que parece existir de un modo general en nuestro barrio. El problema más serio aquí es el testimonio personal. Si pudiéramos fortalecer el testimonio de cada miembro del barrio, ellos ciertamente serían más reverentes".

"Pero también debemos enseñarles qué es lo que constituye una conducta apropiada o una conducta inapropiada", añadió la presidenta de las Mujeres Jóvenes. "No podemos dar por sentado que si las personas tienen testimonios fuertes sabrán naturalmente cómo comportarse en la capilla. Pienso que algunos de los jóvenes que estaban actuando inapropiadamente la otra noche tienen testimonios firmes, pero no saben que no deben actuar de ese modo en ese lugar. Nadie se los ha enseñado, así que actúan como ven a todas las demás personas actuar".

"Estoy de acuerdo con las diferentes perspectivas", dijo el obispo. "Tenemos que mejorar en lo que tiene que ver con enseñar sobre el testimonio *y* la conducta. Entonces . . . ¿cómo lo hacemos? Empecemos con el concepto de enseñar a tener reverencia, respeto y amor por nuestro Padre Celestial y Su casa. ¿Qué podemos hacer para que los miembros tengan el deseo de ser más devotos y sensibles espiritualmente?".

"Bueno, considero que los sumos sacerdotes más espirituales son los que van al templo con más regularidad", dijo el líder de grupo de sumos sacerdotes. "Al estar en el templo aumenta en uno la sensibilidad hacia los lugares sagrados, así que sugiero que al hablar con los adultos se recalque la importancia de hacer mayores esfuerzos para ayudar a la gente a ser digna de tener una recomendación y de ir con frecuencia al templo para disfrutar de las bendiciones de ese lugar".

"Es una idea excelente", dijo la presidenta de la Sociedad de Socorro, "pero no limitemos la buena influencia de la asistencia al templo a nuestros adultos. No recuerdo cuándo fue la última vez que mis hijos adolescentes fueron al templo a efectuar bautismos por los muertos. Si vamos a tratar de enseñar reverencia y respeto por el Señor, no hay mejor lugar para que ellos experimenten ese sentimiento que en el templo".

"Muy buena sugerencia", dijo el obispo. "Considero que nuestro plan debe incluir la asistencia al templo. ¿Otras sugerencias?".

"Quizás debamos llevar a cabo los ejercicios de apertura de la Mutual por un tiempo en el salón de la Primaria en vez de en la capilla, al menos hasta que tengamos las cosas bajo control", dijo el presidente de los Hombres Jóvenes. "De ese modo podríamos darles a entender a los jóvenes que el tipo de comportamiento de la semana pasada en la capilla es inaceptable y que no se tolerará".

"O tal vez podríamos enseñarles mejor cómo deben comportarse en la capilla", dijo la presidenta de las Mujeres Jóvenes. "Como dijo el obispo, había sólo dos asesoras allí durante los ejercicios de apertura, y no estaban haciendo nada por controlar la situación. Si pudiéramos dedicar algo de tiempo en las clases a hablar de lo que significa demostrar amor y respeto por el Señor, y si como asesoras nos comprometiéramos a estar con ellos para dar el ejemplo y para asegurarnos de que recuerden en la casa de quién estamos, quizás les ayudaremos a aprender por medio de experiencias positivas lo que significa y cómo nos sentimos cuando nos reunimos en la capilla de un modo reverente".

"Eso suena muy bien, pero debemos tener presente que estamos hablando de un asunto que tiene implicaciones mucho mayores que sólo nuestros jóvenes", dijo el líder misional del barrio. "¿Recuerdan la familia que traje a la reunión sacramental hace un par de meses? Dos cosas realmente les molestaron de nuestra reunión: el llanto de los bebés y el ruido en la capilla causado por todas las conversaciones entre los adultos, especialmente en los minutos antes de que el obispo se pusiera de pie para iniciar la reunión. Así que no debemos pensar que los adultos no necesitan instrucciones sobre cómo comportarse en la capilla".

"Muy bien, ¿cómo lo hacemos?", preguntó nuevamente el obispo.

Una vez más, todos los miembros del consejo de barrio quedaron en silencio mientras consideraban la pregunta.

"A lo mejor tendríamos que preguntarnos a nosotros mismos qué es lo que quisiéramos que sucediera en vez de qué es lo que querríamos hacer", dijo la presidenta de las Mujeres Jóvenes. "¿Podríamos identificar el resultado deseado y después determinar cómo lograrlo?"

El grupo consideró el asunto por un momento. "Lo que yo quisiera que sucediera", dijo uno de los consejeros del obispo, "es que la gente pudiese entrar en la capilla en cualquier momento y sentir calma, paz y deseos de adorar".

"Yo pienso que querríamos que nuestras reuniones pudieran llegar a marcar una diferencia espiritual en la vida de la gente", dijo el presidente de la Escuela Dominical.

"En resumidas cuentas", añadió el presidente del quórum de élderes, "queremos venir a la iglesia y sentir el Espíritu".

"Más que eso, queremos que nuestros miembros aprendan a ser receptivos al Espíritu cuando Él esté presente", agregó la presidenta de la Primaria.

"Y queremos que la gente llegue a sentir que camina humildemente ante Dios, tanto aquí en la iglesia como en su vida diaria", dijo la presidenta de la Sociedad de Socorro.

El obispo consideró esas sugerencias y asintió con la cabeza. "Sí, queremos que todas esas cosas sucedan", dijo, "y tenemos un par de buenas ideas sobre cómo ver que lleguen a suceder. ¿Tienen algún otro comentario que hacer?"

El líder misional del barrio levantó la mano en forma vacilante y dijo: "Me apena un poco decir esto, pero me da la impresión de que cualquier cosa que vayamos a hacer de algún modo debe comenzar con los que estamos reunidos aquí. Si salimos de esta reunión y después vamos a conversar con todo el mundo en la capilla o si cuchicheamos en el estrado, o si hacemos cualquier cosa que resulte contraria a crear un ambiente de respeto y reverencia en nuestro centro de reuniones, no importará lo que digamos o hagamos. Tenemos que ser líderes; tenemos que ser ejemplos de respeto y reverencia, particularmente en la capilla, y tenemos que asegurarnos de que nuestras respectivas familias sean parte de ese ejemplo.

"Miren a su alrededor", continuó diciendo. "Hay once familias representadas aquí, con un total de cincuenta o sesenta personas. Nuestras esposas o maridos sirven en otras organizaciones del barrio; nuestros hijos están en los Hombres Jóvenes, en las Mujeres Jóvenes o en la Primaria. Si podemos lograr enseñar este concepto de una manera eficaz a nuestras familias, podremos proporcionar una base sólida sobre la cual edificar nuestro programa. Y si lo expandimos hasta incluir a las familias de las personas que sirven con nosotros —consejeros, asesores y otros oficiales y maestros— tendremos la increíble oportunidad de marcar una diferencia significativa en la vida espiritual de los miembros de este barrio".

Permítanme interrumpir este relato para añadir que con demasiada frecuencia nuestros miembros no muestran respeto hacia los maestros y los líderes. Se llevan a cabo demasiadas conversaciones personales en clases de la Escuela Dominical y durante las reuniones del sacerdocio y de la Sociedad de Socorro. El ruido y la confusión en nuestras capillas antes de que empiece la reunión sacramental indicarían que no llegamos a entender muy cabalmente lo que significa ser reverentes. La reverencia se puede definir como un respeto profundo combinado con amor y asombro. Otras palabras que añaden a nuestro entendimiento de lo que es la reverencia son gratitud, honor, veneración y admiración. El verbo *reverenciar* también implica un elemento de acatar las leyes o las normas de la religión. Por lo tanto, se puede entender la reverencia como una actitud de profundo respeto y amor con un deseo de honrar, de mostrar agradecimiento y de obedecer los estatutos de Dios. Sería maravilloso si pudiéramos entrar en la capilla y prepararnos para la reunión sacramental dedicando unos minutos en silencio a pensar sobre los dones y las bendiciones que hayamos recibido. Entre otros están los dones de paz, de perdón, de amor, de misericordia, de entendimiento y, el mayor de todos, el don de la vida eterna, el cual se hace posible mediante la vida y el sacrificio de Jesucristo. ¿Tienen alguna idea de los descubrimientos que haríamos y las lecciones que aprenderíamos si dispusiéramos de diez minutos antes de cada reunión sacramental para escuchar la suave música del preludio y para reflexionar sobre nuestra vida y pensar en Aquél a quien hemos ido a adorar?

Pero regresemos a la reunión del consejo de barrio. El obispo observó a los hombres y a las mujeres que estaban sentados a su alrededor mientras hacía una pausa para considerar los consejos que había dado cada uno de ellos. "Gracias, hermanos y hermanas", dijo entonces con una sonrisa. "Ustedes han presentado algunas ideas excelentes sobre lo que deseamos que suceda y lo que debemos hacer para lograrlo. Me siento particularmente bien en cuanto a basar nuestro programa en la asistencia regular al templo. Considero que ése es precisamente el enfoque que el Señor quisiera que mantuviéramos. También me gusta la idea de enseñar reverencia y respeto por medio del precepto y del ejemplo, y también estoy de acuerdo con la sugerencia de que nosotros y nuestras respectivas familias seamos de vital importancia en el éxito de nuestros esfuerzos. Ésa es la dirección en la que debemos ir. Dediquemos ahora los próximos minutos para delinear algunos planes y hacer sugerencias específicas...".

¿Suena esto familiar? Espero que sí. Ésta es la manera como un consejo local de la Iglesia debe funcionar, con un liderazgo visionario y una participación abierta y franca de parte de todos los presentes. Presten atención al proceso:

- Se determina el problema y se presenta claramente, pero al consejo no se le permite enfocarse demasiado en las cosas negativas.
- El líder del consejo controla las deliberaciones sin dominarlas por completo. Hace preguntas, pide opiniones y después escucha.
- Los miembros del consejo se expresan desde su propia perspectiva individual y no como representantes de sus respectivas organizaciones (tal como cuando la presidenta de la Sociedad de Socorro instó a que se efectuaran bautismos por los muertos, pensando en la necesidad de sus hijos adolescentes).
- Se centra la atención en "lo que queremos que suceda", en vez de en "lo que queremos hacer".
- En sus deliberaciones, el consejo nunca se aparta de la misión de la Iglesia de traer almas a Cristo.
- A los miembros del consejo no se les permite olvidar la importancia de su influencia y ejemplo individuales.
- Se solicita la opinión de todos los presentes, pero las decisiones finales las toma el líder del consejo, quien se ampara en la inspiración más que en el parecer general al encaminar al consejo.

"RAZONEMOS JUNTOS"

Nuestro divino sistema de consejos

Este sistema debe ir mucho más allá de las presidencias de estaca, los obispados y los consejos de estaca y de barrio. Debe también ayudar a las familias, a los quórumes del sacerdocio y a las organizaciones auxiliares a lograr sus respectivas misiones y metas. El sistema de consejos puede ayudar a los líderes de grupo de sumos sacerdotes, a las presidencias de quórumes de élderes y a los comités de grupo y de quórum a cumplir con sus importantes responsabilidades. Los líderes de los Hombres Jóvenes descubrirán que los consejos tales como las presidencias de Hombres Jóvenes de barrio y de estaca, los comités del obispado para la juventud, así como las presidencias de quórumes y comités les ayudarán a lograr la misión del Sacerdocio Aarónico. Para las líderes de la Sociedad de Socorro de barrio y de estaca, los consejos de presidencia y mesas directivas pueden resultar importantes en ayudarlas a cumplir con los propósitos y los objetivos de la Sociedad de Socorro. Las presidencias de Mujeres Jóvenes de estaca y barrio, los comités del obispado para la juventud y las presidencias de clase de las Mujeres Jóvenes deben deliberar en consejo para ayudar a las jovencitas a llevar vidas que reflejen la hermosa filosofía enmarcada en el lema de las Mujeres Jóvenes. Las presidencias y las mesas directivas de la Primaria pueden utilizar el sistema de consejos para enseñar el evangelio de Jesucristo a los niños y ayudarlos a aprender cómo vivirlo. Los consejos familiares pueden brindar oportunidades de comunicarse de una manera franca y no prejuiciosa que permitirá a padres e hijos enseñar y fortalecerse mutuamente.

Éstas son metas nobles, pero tal es la naturaleza de la obra en el reino de Dios en estos últimos días: noble, trascendental y eterna. Nos esforzamos por ayudar a nuestros hermanos y hermanas a recibir todo cuanto nuestro Padre Celestial tiene para dar a Sus hijos fieles, entre otras cosas, las bendiciones del reino celestial; nada más ni nada menos. Es una confianza sagrada que Dios nos ha dado a todos cuantos hemos sido llamados a cargos de autoridad en Su Iglesia, y es una responsabilidad que se puede lograr de un modo mucho más eficaz y eficiente por medio del sistema de consejos que el Señor ha inspirado a Sus líderes a implantar en todas las organizaciones de la Iglesia. El gobernar a través de los consejos es más que simplemente una buena idea; es el plan de Dios. Así es como logramos la misión de la Iglesia, y así es como Dios recibe Su misma gloria al "llevar a cabo la inmortalidad y la vida eterna del hombre". Tal como el Señor dijo por medio del profeta Isaías: "Venid ahora . . . y razonemos juntos" (Isaías 1:18).

Es mi sincera oración que todos hallemos formas de emplear más eficazmente el magnífico poder que se encuentra en las deliberaciones en consejo. Les testifico que únicamente si lo hacemos, podremos incorporar la fuerza plena del plan revelado por Dios para el gobierno del Evangelio en nuestros respectivos ministerios, tanto en nuestras familias como en la Iglesia.

TEXTOS CITADOS

Ashton, Marvin J., discurso pronunciado en el seminario de Representantes Regionales en Salt Lake City, el 31 de marzo de 1989.

Ballard, M. Russell. *Nuestra Búsqueda de la Felicidad: Una invitación para conocer La Iglesia de Jesucristo de los Santos de los Últimos Días,* Salt Lake City: Deseret Book, 1993.

Benson, Ezra Taft, "El gobierno de la Iglesia por medio de los consejos del sacerdocio", *Liahona,* agosto de 1979, pág. 126.

———. "Yo testifico", *Liahona,* enero de 1989, pág. 91.

———. "Para los maestros orientadores de la Iglesia", *Liahona,* julio de 1987, pág. 48.

Canciones para los niños, Salt Lake City: La Iglesia de Jesucristo de los Santos de los Últimos Días, 2002.

Cook, Quentin L., "¡Las mujeres SUD son asombrosas!", *Liahona,* mayo de 2011, pág. 18.

Craven, Rulon G., *Called to the Work* (Llamados a la obra), Salt Lake City: Bookcraft, 1985.

Faust, James E., discurso pronunciado en el seminario de Representantes Regionales en Salt Lake City, el 1 de abril de 1988.

———. "Guardemos los convenios y honremos el sacerdocio", *Liahona,* enero de 1994, pág. 42.

Himmelfarb, Gertrude, *The De-Moralization of Society: From Victorian Virtues to Modern Values* (La decadencia moral de la sociedad: De virtudes victorianas a valores modernos), Nueva York: Alfred A. Knopf, 1995.

Hinckley, Gordon B., "Los conversos y los hombres jóvenes", *Liahona*, julio de 1997, pág. 53.

———. "God Is at the Helm" (Dios está al timón), *Ensign,* mayo de 1995, págs. 53–54, 59–60.

———. "Las mujeres de la Iglesia", *Liahona*, enero de 1997, pág. 75.

Hunter, Howard W., "A las mujeres de la Iglesia", *Liahona*, enero de 1993, pág. 106.

Instructions for Priesthood and Auxiliary Leaders on Primary (Instrucciones sobre la Primaria para líderes del sacerdocio y de las organizaciones auxiliares). Salt Lake City: La Iglesia de Jesucristo de los Santos de los Últimos Días.

Journal of Discourses (Publicación de disertaciones), 26 tomos, Londres: Latter-day Saints' Book Depot, 1855–1856.

Kimball, Spencer W., "El papel de las mujeres justas", *Liahona*, enero de 1980, pág. 167.

Lee, Harold B., "The Correlation Program" (El programa de correlación), *Improvement Era,* junio de 1963, págs. 500–505.

Ludlow, Daniel H., editada. *Encyclopedia of Mormonism* (Enciclopedia del mormonismo), 5 tomos, Nueva York: Macmillan, 1992.

McKay, David O., *Gospel Ideals: Selections from Discourses of David O. McKay* (Ideales del Evangelio: Selecciones de discursos de David O. McKay), Improvement Era, 1953.

Monson, Thomas S., "El mirar hacia atrás y seguir adelante", *Liahona*, mayo de 2008, pág. 87.

———. "Our Brothers' Keeper" (El guarda de nuestros hermanos), *Ensign*, junio de 1998, págs. 32–39.

———. "Permaneced en lugares santos", *Liahona*, noviembre de 2011, pág. 82

———. "Ellos oran y siguen adelante", *Liahona*, mayo de 2002, pág. 54.

Packer, Boyd K., discurso pronunciado en el seminario de Representantes Regionales en Salt Lake City, el 3 de abril de 1987.

———. "La Sociedad de Socorro", *Liahona*, febrero de 1979, pág. 9.

Perry, L. Tom. "'Todo lo que el hombre sembrare. . .'"), *Liahona*, febrero de 1981, pág. 9.

Popenoe, David. "A World Without Fathers" (Un mundo sin padres), *Wilson Quarterly:* Primavera de 1996, págs. 12–29.

Priesthood Home Teaching Handbook (Manual de la orientación familiar del sacerdocio), edición revisada. Salt Lake City: La Iglesia de Jesucristo de los Santos de los Últimos Días, 1967.

Primera Presidencia de La Iglesia de Jesucristo de los Santos de los Últimos Días. "An Invitation to Come Back" (Una invitación a regresar), *Church News*, 22 de diciembre de 1985, pág. 3.

Primera Presidencia y Quórum de los Doce Apóstoles de La Iglesia de Jesucristo de los Santos de los Últimos Días. "La Familia: Una Proclamación para el Mundo", *Liahona*, noviembre de 2010, pág. 129.

Richards, Stephen L, en Conference Report (Informe de la conferencia), octubre de 1953, págs. 85–87.

Smith, José. *History of The Church of Jesus Christ of Latter-day Saints* (Historia de La Iglesia de Jesucristo de los Santos de los Últimos Días), editada por B. H. Roberts. 2da. edición revisada, 7 tomos, Salt Lake City: Deseret Book, 1973.

Smith, Joseph F., en Conference Report (Informe de la conferencia), abril de 1906, págs. 1–8.

Smith, Joseph Fielding. *Doctrinas de Salvación: Sermones y escritos de Joseph Fielding Smith,* compilados por Bruce R. McConkie, 3 tomos, Salt Lake City: Bookcraft, 1954–1956.

Smith, Lucy Mack. *History of Joseph Smith by His Mother, Lucy Mack Smith* (La historia de José Smith escrita por su madre, Lucy Mack Smith), editada por Preston Nibley, Salt Lake City: Bookcraft, 1958.

Snow, Eliza R., discurso pronunciado en una reunión de la Sociedad de Socorro en Ogden, Utah, el 14 de agosto de 1873, *Women's Exponent* (Defensora de la mujer), 15 de septiembre de 1873, págs. 62–63.

Taylor, John. *The Gospel Kingdom: Selections from the Writings and Discourses of John Taylor* (El reino del Evangelio: Selecciones de los escritos y discursos de John Taylor), seleccionados por G. Homer Durham, Salt Lake City, Bookcraft, 1943.

Young Women Leadership Handbook (Manual de líderes de las Mujeres Jóvenes), Salt Lake City: La Iglesia de Jesucristo de los Santos de los Últimos Días, 1995.

ÍNDICE

Aarónico, programa del Sacerdocio, 33, 119
Abejitas, jovencitas que oraron por más, 136
Abejitas, presidencia de clase de, 136
Acción, tomar, 36–39
Adulto, influencia de hombre, en la vida de niño muy activo, 129–131
Agendas (temarios), 54, 80, 83–85, 142
Albedrío, 30–31
Amalec, 140
Amor: los líderes eficaces sirven con, 41–43; en pequeños consejos, 135; en consejos disciplinarios, 158–159; hacia miembros suspendidos de sus derechos y excomulgados, 162
Apóstoles: responsabilidades y proceso de adopción de decisiones de los, 21–23, 51–55; Brigham Young y Joseph Young llamados como, 48–49
Arrepentimiento, 151–155
Ashton, Mervin J., 58–59
Atareado, 35–37, 80–82
Automóvil: consejos eclesiásticos comparados a un, 8–9; compra de un, considerada en un consejo familiar, 165–166
Auxiliares, líderes de las organizaciones: dar participación a los, xi; y la obra misional de barrio, 6–8; influencia de los, 113–114
Ayuno, 136

Barker, Ed, 147–150
Barker, Julie, 148–149
Bendiciones del templo, restauración de, 153–155
Benson, Ezra Taft: sobre unidad en los consejos, 15–16, sobre entrevistas de orientación familiar, 145
Bienestar, ayuda de, 17–19
Black, Ronald, 134–135

Cáncer, servicio para mujer con, 110–113
Clark, J. Reuben, hijo, 69
Comité ejecutivo del sacerdocio de barrio, 114–115
Comité ejecutivo del sacerdocio de estaca, 90–91

ÍNDICE

Comités especiales, 99–101
Comunicación: libre expresión en la, 28–30; en consejos presidentes locales, 73–77; en consejos de barrio, 128–131; en reuniones de obispado y de presidencia, 136–137; en consejos familiares, 174–177
Concilio de los cielos: descripción del, 26–27; libre expresión en el, 28–29; albedrío en el, 30–31; instrucciones claras en el, 31–33; delegación y el, 34–37
Concilio de los Dioses, 31–34, 37–38
Conferencias de barrio, 93
Conferencias de estaca, 93, 96–97, 106–107
Confidencialidad, 72–74, 158
Consejeros, comunicación con, 32, 73–74; responsabilidades de los, 78, 86; importancia de, fuertes, 137–140
Consejo(s) de barrio: simulación de, 3–4; servicio comunitario y, 17; hermanamiento y, 20; servicio y, 110–114; reseña de, 114–118; responsabilidades de los, 117–121; clave de su eficacia, 122–133, 190
Consejos de estaca y distrito: relevancia del servicio en los, 88–91; bendiciones de los, 91–95; la clave de los, eficaces, 95–96; liderazgo inspirado en los, 96–99; comités especiales en los, 99–102; atención de las necesidades de la estaca por medio de los, 102–104; dar participación a todos los miembros de los, 104–109
Consejos de presidencia locales: educación y otorgamiento de poderes mediante, 66–68; unanimidad en los, 68–72; confidencialidad en los, 72–74; escuchar en los, 74–77; liderazgo en los, 77–79; el logro de la misión de la Iglesia por medio de los, 79–86; propósitos de liderazgo en los, 86–87
Consejos generales de la Iglesia: funcionamiento de los, 10–12; organización de los, 46–47; gobierno y dirección de los, 47–50; oficios en los, 50–57
Consejos pequeños, 143–144
Contención, cómo superar la, por medio de consejos familiares, 174–177
Convenios, 141, 150
Convenios del templo, 141, 150
Conversos, hermanamiento de, 6–7, 19–20
Cook, Quentin L., 106–107
Cowdery, Oliver, 44, 45–46
Craven, Rulon G., 53–55
Creación, consejo de la, 31–34, 36–38
Cumpleaños, delegar entrega de obsequios de, 35–36

Delegación de tareas, 34–37, 142
Desempleo, ayuda a una familia durante período de, 17–19
Diáconos, quórum de, 33–34
Dios: amor de, 61; voluntad de, 144–145
Dioses, concilio de los, 31–33, 37–38
Disciplinarios, consejos: propósito de los, 152–153, 156–158; opciones de, 155–156; funcionamiento de

ÍNDICE

los, 158–160; cambio por medio de los, 160–161; y cómo evitar el pecado, 163–164

Distrito, consejos de. *Véase* consejos de estaca y de distrito

Eclesiásticos, consejos: deliberaciones en, 1–4; definición de, 4–5; importancia de, 5–6; la obra misional del barrio y los, 6–8; comparados a un automóvil, 8–10; sinergia espiritual y los, 12–17; poder de los, 17–24; revelación en los, 22–23; bendiciones de los, 191–192. *Véase también* Consejos generales de la Iglesia

Edificios de la Iglesia, respeto por los, 101–102, 172–190

Ejemplos, de líderes eficaces, 37–41, 187–189

Emergencia, preparación para casos de, 102–103, 133

Enseñanza, la, como actividad central del liderazgo, 66–67

Escrituras, 122, 123

Escuchar: en los consejos de presidencia locales, 74–77; en consejos de barrio, 128–130; en reuniones de obispado y de presidencia, 136–137; en consejos familiares, 174–177

Escuela Dominical, presidente de la, 121

Esopo, 12–13

Especiales, comités, 99–102

Espiritual, sinergismo, 12–18

Espíritus, mundo de los, visión de Joseph F. Smith sobre el, 25–26

Eterno, progreso, 161–162

Exaltación, 62–63

Excomunión: restauración de bendiciones después de una, 153–155; de poseedor del Sacerdocio de Melquisedec, 157; definición, 160, mostrar amor después de una, 161–163

Familia: ataque contra la, ix; exaltada, 62–63; responsabilidades en la, 62; propósitos de liderazgo para la, 86; el barrio como una, 130–131. *Véase también* Familiar, consejo

Familiar, consejo: selección de automóvil en un, 165–166; bendición del, 166–169, 177–181; y la proclamación sobre la familia, 169–172; la obra misional y el, 172–174; disipar la contención por medio de, 174–177

"Familia: Una proclamación para el mundo, La", 52, 169–172

Faust, James E.: sobre unidad en los consejos, 66–67; sobre los convenios del templo, 150

Harris, Martin, 44, 45–46

Hermanamiento: uso de las organizaciones auxiliares en el, 6–8, 14–15, 126–127; de nuevos conversos, 19–20; de miembros inactivos, 42–43, 123–124

Hijos: ilegítimos, ix; responsabilidades concernientes a los, 64; consejo de barrio y los, 117–118; consejos familiares y los, 174–176

Himmelfarb, Gertrude, ix

Hinckley, Gordon B.: sobre las mujeres, xii, 59; sobre decisiones

ÍNDICE

adoptadas en consejos generales de la Iglesia, 55–56; carta a, 130–132
Hombres Jóvenes, presidente de, 119
Hombres: responsabilidades de los, 62–63; importancia de los, 107–109
Hunter, Howard W., sobre dar participación a las mujeres, xi, 108
Hur, 141

Iglesia de Jesucristo de los Santos de los Últimos Días, La: organización de, 46–47; misión de, 79–86, 141
Inactivos, miembros, hermanamiento de, 7–8, 14–15, 41–42, 123–124, 126–127
Instrucciones, dar, claras, 31–32

Jack, Elaine, 105
Jesucristo: como ejemplo de trabajo dedicado, 37–38; el amor de, 61
Jetro, 37, 75–76
Johnson, familia, conversión de la, 98–99

Jóvenes adultos solteros, 99–101
Jóvenes: propósitos del liderazgo para los, 86–87; y el comité del obispado para la juventud, 115; consejo de barrio y los, 119–120

Kimball, Spencer W., 123

Lealtad, 69
Lee, Harold B., 114
Libre expresión, en consejos, 29–30
Libro de Mormón, testimonio del, 44–46

Liderazgo: la enseñanza como actividad central del, 66–67; propósitos del, en grupo, 86–87; inspirado en los consejos de estaca, 96–99; trabajo en forma conjunta en, 135–137
Líderes eficaces: sentido de visión en los, 27–29; instan a la libre expresión, 28–30; respetan el albedrío, 30–32; dan instrucciones claras, 32–33; trabajan paso a paso, 33–35; la delegación y los, 35–37; ejemplos de trabajo esforzado, 37–39; enseñan por medio del precepto y del ejemplo, 39–41; sirven con amor, 41–43
Líder misional de barrio, 121
Llamamientos, atareados en, 35–37, 80–81
Lyman, Francis M., 22–23

Madre enferma, consejo familiar concerniente a una, 179–181
Madre soltera: reactivación de, 123–125; carta al presidente Hinckley de una, 130–132
Manual de la Iglesia, 5–6
Martínez, Gary, 148–150
Matrimonio, ix, 62–63
McKay, David O., 22–23
Melquisedec, Sacerdocio de: hombres ordenados al, 106–107; consejos de barrio y el, 120–121; comités del, 144, excomuniones y el, 157
Miembros, nuevos, el hermanamiento de, 6–7, 19–20
Misión Canadá Toronto, 140
Moisés, 37, 75–76, 140
Monson, Thomas S.: sobre la fibra moral de la sociedad, ix-x; sobre

ÍNDICE

el trabajo en forma conjunta, xii; sobre tomar medidas, 39

Mujeres Jóvenes, presidenta de: inspiración en el llamamiento de, 78–79; consejo de barrio y la, 119

Mujeres: la participación de las, xi-xii, 1–2, 3, 6, 104–109; importancia de las, 7; en los consejos eclesiásticos, 57–65; influencia de las, 113–114; los consejos de barrio y las, 118–120; y el crecimiento espiritual, 123; el hermanamiento y las, 133

Necesidades especiales, 83–86, 110–113

Nefi, 28

Obispado, comité del, para la juventud, 115–116

Obispado: trabajo conjunto en el, 135–137; consejeros fuertes en el, 137–141; reuniones eficaces de, 141–143

Obispo: cómo hacer más ligeras las cargas del, x-xi, 8–9; fortalece el programa del Sacerdocio Aarónico de barrio, 33–35; llama presidenta de Mujeres Jóvenes, 77–79; como ejemplo de reverencia, 124–125; bendiciones del, 134–135

Obra misional: en el barrio, 6–8, 19–20, 97–99, 123–124, 126–127; en la Primaria, 97–99; los consejos familiares y la, 172–174, 176–177

O'Dea, Thomas, 5

Operación de corazón abierto, 168

Oración: enseñanza del principio de la, 67; por más niñas en la clase de abejitas, 136

Ordenanzas, 141

Ordenanzas del templo, 141

Orientación familiar, entrevistas de, 145–150

Packer, Boyd K.: sobre la importancia de las mujeres, 104; sobre el enfoque de las presidencias y los obispados, 141

Pandillas, participación en actividades de, 125

Pecado, nuestra protección contra el, 163–164

Pensamientos, el control de los, 163

Perdón, 152, 162

Período formal de prueba, 159

Perry, L. Tom, 167

Plan de Salvación, 26–29, 62–63

Pornografía, 163

Premortal, consejo. *Véase* Concilio de los cielos

Preparación, 102–103, 132–133

Presidencias: el trabajo en forma conjunta en, 135–137; importancia de consejeros firmes en, 129–132; reuniones eficaces para, 141–143

Presidente(s) de estaca: cómo aligerar la carga de los, x-xi; visión del, 29; importancia de dar instrucciones claras a los, 32–33

Presidente de misión, 139–141

Presupuesto de bienestar, aprobación de, 70–71

Primaria, 97–99, 118

Primera Presidencia: responsabilidades de la, 50–51, 52–53; proceso de tomar decisiones, 55–56; sobre el perdón, 152–153

Principios, enseñanza de, 67–68

ÍNDICE

Progreso eterno, 161–162
Prueba, período formal de, 159

Quórum de los Doce Apóstoles, 21–23, 51–55

Rama, consejos de. *Véase* Barrio, consejo de
Registros de la Iglesia, retirar nombre de los, 157
Respeto: por los edificios de la Iglesia, 102–103, 182–190; en consejos disciplinarios, 159
Reuniones: discusión de necesidades espirituales en, 83–86, 125–127; de consejo de estaca, 91–94; la clave de, productivas, 141–143
Reunión sacramental, 82–83
Revelación: en los consejos, 22–23; dada a los testigos del Libro de Mormón, 46
Reverencia, 101–102, 124–125, 182–190
"Reverencia es amor, La", 184
Richards, Stephen L: sobre los consejos eclesiásticos, 50; sobre los comités del Sacerdocio de Melquisedec, 144

Sacerdocio: John Taylor sobre el, 57; naturaleza del, 64–65; bendiciones del, restauradas después del arrepentimiento, 154–155. *Véase también* Aarónico, programa del sacerdocio; Melquisedec, Sacerdocio de
"Salvador del mundo, El", presentación de Navidad, 30
Satanás: presiones de, viii-ix; y el plan de salvación, 27, 28–29

Secretos, José Smith sobre guardar, 72. *Véase también* Confidencialidad
Servicio a la comunidad, 17
Servicio: Cristo como ejemplo de, 40–41; de los hombres y las mujeres, 63; los consejos de barrio y el, 110–114
Setentas, 49–50
Sinergismo espiritual, 12–18
Smith, Hyrum, 26
Smith, Hyrum Mack, 25
Smith, José: preordinación de, 26; los testigos del Libro de Mormón y, 44–46; y los consejos generales de la Iglesia, 45–50; sobre la enseñanza y el gobierno del Evangelio, 66; sobre la confidencialidad, 72–73; sobre participar con el Espíritu, 74–75
Smith, Joseph F.: revelación y, 22, su visión del mundo de los espíritus, 25–26; cumplimiento de los deberes de los consejos, 65
Smith, Joseph Fielding: sobre los concilios premortales, 26–27; sobre el Quórum de los Doce Apóstoles, 51–52
Smith, Lucy Mack, 44, 45
Snow, Eliza R., 61
Sociedad de Socorro, presidenta de la: delegación y la, 33; el consejo de barrio y la, 118–119
Stone, Lawrence, ix
Sumo consejo, miembros de, 96–99
Suspensión de derechos: definición, 159–160; demostrar amor después de la, 161–163

Taylor, John: preordinación de, 26; sobre el sacerdocio, 57

ÍNDICE

Templo, asistencia al, 92, 185–186
Tierra, creación de la, 31–33, 37–38
Tonga, conferencia de estaca en, 106–107
Trabajo conjunto, xii, 135–137
Trabajo esforzado, líderes eficaces son ejemplo de, 37–39

Últimos días, pruebas de los, viii-ix, 66
Unanimidad. *Véase* Unidad
Unidad: de los consejos eclesiásticos, 12–18, 21, 68–72: de la Primera Presidencia y los Doce, 55–57; al trabajar juntos, 135–137

Va'enuku, Leinata, 106
Visión, sentido de, 27–29
Voluntad de Dios, entrevistas de orientación familiar y la, 145–146

Whitmer, David, 44, 45–46

Young, Brigham, 26, 49–50
Young, Joseph, 49–50